우리 시대의 마녀

매혹적인 두려움은 어떻게 세상을 바꾸는가

우리 시대의 마녀

매혹적인 두려움은 어떻게 세상을 바꾸는가

지은이 ⁑ 임옥희, 김미연, 김남이, 손자희, 신나리, 오김숙이, 신주진, 김한올, 김은하
발행 ⁑ 고갑희
주간 ⁑ 임옥희
편집·제작 ⁑ 사미숙
펴낸곳 ⁑ 여이연
주소 서울시 영등포구 영등포로 420-6 3층
전화 (02) 763-2825   팩스 (02) 764-2825
등록 1998년 4월 24일 (제 22-1307호)
홈페이지 http://www.gofeminist.org
전자우편 gofeminist1020@gmail.com

초판 1쇄 인쇄 ⁑ 2023년 8월 21일
초판 1쇄 발행 ⁑ 2023년 8월 25일

값 15,000원
ISBN 978-89-91729-47-6 93300
잘못된 책은 바꿔 드립니다.

우리시대의
마녀

매혹적인 두려움은 어떻게 세상을 바꾸는가

엄옥희

김태연

김남이

손자희

신나래

오김숙이

선주선

김한올

김은하

도서출판 여이연

목차

오드리 우드(Audrey Wood)와 단 우드(Don Wood)가 만든 동화책은 미국의 여느 집 아이들 책장에서 흔히 볼 수 있는 책 중 하나다. 오드리가 이야기를 만들고 단이 삽화를 그리는 어린이 이야기는 저명한 '칼데콧 상'을 비롯한 각종 어린이 도서 상을 받고, 태평양을 넘어 한국의 서점에서까지 아이들이 좋아하는 선집에 실린다. 언젠가 나는 중고 서점에서 매우 고전적인 삽화가 그려진 마녀 이야기 표지에서 그들의 이름을 발견하고 주저함 없이 책을 펴들었다. 『외다리 노파』라는 제목 정도로 옮길 수 있는 *Heckedy Peg*라는 동화가 그것이었는데, 그 내용은 이렇다.

'월요일', '화요일', '수요일', '목요일', '금요일', '토요일', 그리고 '일요일'이라는 이름의 일곱 아이를 키우는 자상하고 강인한 인상의 어머니, 어느 날 어머니는 일곱 명 아이들이 제각각 갖고 싶은 것 한 가지씩을 장에서 사다 주기로 하고 집을 나선다. 아이들에게 결코 낯선 이를 집안에 들이지 않도록 그리고 절대 불을 건네지 말도록 당부하면서. 그런데 아니나 다를까, 어머니가 집을 나서고 얼마 후 오두막집 조그만 문으로 외다리 노파가 나타나 아이들에게

금이 든 바구니를 보여주면서 불을 쓰게 해달라고 요청한다. 금을 본 아이들은 어머니를 기쁘게 해줄 요량으로 노파를 집에 들인다. 그러나 집안에 들어가 불을 얻은 노파는 순식간에 마녀로 변신하고 아이들을 음식물로 바꾼 후 그것들을 보따리에 집어넣고 사라진다.

이윽고 아이들이 원하는 물건들을 가지고 장에서 돌아온 어머니는 검은 새에게서 마녀의 소행을 듣고 깊은 산 속 마녀의 거처로 찾아간다. 발이 더럽다는 구실로 어머니를 집안에 들이지 않겠다는 마녀에게, 발을 잘라냈다고 속인 채 거처에 들어간 어머니는 마녀로부터 어느 음식이 어느 아이인지를 알아내야만 아이 전부를 살려낼 수 있다는 말을 듣는다. 잠시 생각에 잠긴 어머니는 아이들이 원했던 물건들을 하나하나 기억해내고 제각각 음식 옆에 놓아줌으로써 아이들을 사람으로 돌려놓을 수 있었다. 어머니와 아이들은 이제 함께 마녀를 물리칠 수 있다. 결국, 마녀는 허둥지둥 도망가다 다리 위에 지팡이만 남겨둔 채 강물로 사라진다. 죽었는지 어쨌는지는 알려지지 않은 채.

'마녀가 납치한 아이들을 어머니가 구해내는 이야기'로 요약할 수 있는 이 책을 읽고 났을 때 나는 일단 안도감이 들었다. 아마도 안도감이 드는 이유는 나도 모르게 아이들과 잠시 잠깐 동일시하여 마녀에게 잡아먹힐 뻔한 순간 나타난 어머니의 구원에 안심해서거나 아니면 재치 있고 용감하게 아이들을 구해내는 어머니에게 순간 빙의되었기 때문일 것이다. 어머니와 아이가 똘똘 뭉쳐 마녀를 몰아내는 이야기는 동서양을 막론하고 다양하게 변형되어 동화로 만들어지고 매일 밤 잠들기 전 부모에서 아이에게 전파된다. 그렇게 우리는 어린 시절부터 자연스럽게 마녀라는 가상의 존재를 '혐오' 하도록 교육받고, 마녀를 물리치면 가족의 울타리를 안전하게 지켜 낼 수 있을 것이라는 '환상'을 품게 되었는지 모른다.

그런데 '어머니와 아이, 그리고 마녀'의 이야기를 역사적 사실 들과 겹쳐서 보는 순간, 그 혐오와 환상이 폭로되는 지점에 주목하 지 않을 수 없다. 무엇보다도 먼저 우리가 주목하게 되는 것은 위의 동화가 보여준 것처럼 젊고 강인한 어머니와 그런 어머니를 둔 아 이들의 행복 가득한 집을 침입한 마녀. 아이를 잡아먹으려다가 그 러지 못하고 사라진 마녀는 사실 우리의 안도감을 위해서 만들어진 '허구적인' 이미지라는 점이다. '아이'와 '불'을 지켜내는 이상적인 어머니의 모델을 만들기 위해서, 이상적인 모성과 대비되는 혐오의 대상으로서 마녀가, 성녀에 대비되는 악녀로서 마녀가 필요했다는 점이다. 우리의 환상 속에서 달밤에 모여 이단의 모의를 하거나 아이들을 잡아 가두어 요리를 준비하는 모습으로 형상화되어 공포 와 혐오의 대상으로 존재했던 여성은 실상, 숲과 들판 이곳저곳을 돌아다니며 약초를 캐고 그 약초의 쓰임새를 경험적으로 체득하여 동네 부인들과 아이들의 몸과 정신을 돌보던 지혜로운 '(노인) 여 성'이었다는 점이다.

그러면 이런 의문이 든다. 왜 지혜로운 여성에 대해 존경을 표 하는 것이 아니라 되레 그들을 공포와 혐오의 대상으로 변신시켜 놓았을까? 정신분석의 관점에서 보면, 본래 공격적인 본능을 지닌 인간 주체는 내부의 결속을 다지기 위해서 '이질적인 내부'를 외부로 투사하고 그 투사된 외부를 공격함으로써 쾌락을 얻는 경향성을 지닌다. 그래서 인간의 에로스는 늘 배제와 혐오를 수반하게 된다는 것이다. 서구 역사를 일별해 보면 정신분석의 관점이 어느 정도 유용해 보인다. 왜냐하면, 전통적으로 기득권 세력은 종교적이든 정치적이든 내부의 이질적인 타자들, 유대인, 나병 환자, 창녀, 빈민 등을 경계 밖으로 밀어내고 격리하고 박해함으로써 내부적 결속을 공고히 해왔기 때문이다.

심지어, 14세기부터 17세기까지 횡행한 마녀 박해에 대한 여러 기록에 따르면, 소위 '마녀 감별사'라는 재판관들이 "저 여자야. 저 여자의 눈을 보라. 저 여자가 마녀다"라고 단정해서 말하면 설사 그 주장의 합리적인 근거가 없더라도 누구도 반박하지 못했다고 한다. 사람들이 마녀 감별사의 권위에 도전하는 것이 어렵기도 했지만, 그들에겐 불가해한 재난, 역병, 위기를 설명할 무언가, 즉 이질적인 타자가 필요했기 때문이다.

이 책을 기획하던 무렵 여기 모인 저자들은 현재 한국의 온·오프라인에서 벌어지는 (이른바) '마녀사냥'을 바라보며, 그 옛날 역사적 사건으로서 실재했던 '마녀 박해'와 자연스럽게 비교해 보게 되었다. 특히 실비아 페데리치(Silvia Federici)의 『캘리번과 마녀』 그리고 『혁명의 영점』은 마르크스의 자본주의 분석과 푸코의 신체 이론 논의에서 전혀 주목받지 못한 여성의 재생산 노동을 이해하도록 했고, 자본주의로의 이행 속에서 여성사를 다시 바라볼 수 있도록 해주었다. 그것은 여성의 관점에서 마녀 박해를 해석하는 새로운 시도로 보였다.

예를 들면, 16-17세기까지 2세기 넘는 기간 동안, 즉 봉건제로부터 자본주의로 이행하는 시기에, 유럽 국가들에서 수십만 명의 여성들이 재판을 받고 고문을 당하며 산 채로 화형당하거나 교수형에 처해졌다. 이 시기에 마법이라는 죄명으로 처형당한 이들의 80퍼센트 이상이 여성이었는데, 이 여성들이 박해를 받은 죄명 중 으뜸이 영아살해였다는 점에 주목하지 않을 수 없다. 페데리치는 당시 높은 영아 사망률의 원인은 빈곤이나 영양실조 증가에 있었음을 지적하고 있다. 또한, 대규모 기아를 유발한 빵값 인상에 반대하는 봉기가 유럽 곳곳에서 일어난 데다 이런 봉기에서 행동을 촉발하고 선도했던 이는 다름 아닌 가난한 농민 여성이었다는 점 역시 페데리치는 지적하고 있다. 이런 역사적 사실을 바탕으로 페데리치는 당시 판사들을 포함한 지배계급의 '가난한 농민 여성'에 대한 공포감이 대규모 마녀사냥과 처형이라는 결과를 낳았다고 주장한다. 특히 여기서 흥미로운 점은 페데리치가 제시한 한 가지 가정이다. 그것은 인구가 감소하는 현상에 집착한 정치계급이 마녀사냥을 촉발했고, '인구의 규모가 국부를 좌우한다는 확신'이 이를 부채질했다는 가정이다. 다시 말해 흔히 동화 속에서 아이를 잡아먹는 마녀의 모습은 가난한 농민 여성에 대한 남성 지배계급의 공포가 투사된, 왜곡된 이미지인 셈이다. 이런 문맥에서 *Heckedy Peg* 이야기를 다시 읽어보면, 일곱 명의 아이는 '국부'를 상징하고, 그 아이들을 잡아먹으려는 마녀는 '국부'의 위협이 되는 '나이 든' 여성이 된다. 노파/마녀는 가족과 국가를 위협하는 여성으로 비체화된다.

마녀에 속한 이들에는 출산이나 피임을 담당했던 산파뿐만 아니라 모성을 거부한 여성도 포함되었고, 결혼과 출산의 구속 밖에서 자신의 섹슈얼리티를 행사한 여성도 포함되었다. 말대답하거나, 논쟁하거나, 욕을 하거나, 반항적인 여성들도 모두 마녀에 속했다. 순종적이지 않은 여성, 넓게 보면 '여성 일반'이 마녀인 셈이다. 마녀 박해는 뿌리 깊은 여성 혐오의 대표작이랄 수 있다는 생각에, 여성의 관점에서 우리 시대의 마녀를 다시 읽어보고자 하는 것이 이 책의 저자들이 모인 이유이다.

「혐오, 미러링, 마녀 되기」에서 임옥희는 외경의 릴리스, 그리스 비극의 카산드라와 클라이템네스트라, 천문학자 케플러의 어머니 캐서린, 마담 보봐리, 김명순, 21세기 메갈리언에 이르기까지 적극적인 '마녀 되기'의 계보에 있는 이들의 궤적을 따라 '새로운 여성 탄생'의 가능성을 모색해보고자 한다.

「재생산 위협의 아이콘으로서 마녀」에서 김미연은 현대 의학 담론이 우생학에 기대어 여성에게 '생식 도덕'의 규범을 부과하고 규범에 벗어나는 여성을 질병화하는 과정을 탐색한다.

김남이는 「그 많은 히스테리들은 다 어디로 갔을까?」에서, 프로이트와 그의 스승 샤르코가 자신들의 환자라고 생각했던 히스테리들이 정작은 무대 위에서 '연기하는', 그래서 피해자의 프레임을 벗어나는 매력적인 예술적 귀재들이 아니었을까를 상상한다.

손자희는「21세기 혼종적 존재로서의 마녀 되기」에서 해러웨이의 '사이보그-되기' 관점을 비롯한 21세기 혼종적 주체의 이론화를 경유하여, 마녀 되기라는 대안적 형상의 가능성을 타진해본다.

「'여성이 여성의 고통을 쓴다는 것'에 관한 고찰: 레슬리 제이미슨의「여성 고통의 대통일 이론」과 김혜순의『여성, 시하다』를 중심으로」에서 신나리는 "여성이 고통을 고백하는 일은 여성의 고통을 경멸하고 왜곡해 온 문화 구조에 반박할 수 있게 한다. 고통의 고백은 여성의 상처를 인정하고, 상처를 다루고, 상처를 타자화하는 구조를 찾아내는 일이기 때문"이라고 주장한다. 신나리의 글은 여성의 고통을 여성이 재현하고 여성이 이론화하는 일련의 작업을 보여준다는 점에서 중요하다 할 수 있다.

「여성의 재현에서 죽음과 마녀화의 관계: 영화 <죽여주는 여자>를 중심으로」에서 오김숙이는 영화 <죽여주는 여자>의 주인공 소영, 일명 '박카스 할머니'라 불리는 성노동자 여성이 어떻게 '여성 킬러'로서 '죽여주는' 여자로 '마녀화' 되는지에 대한 사회맥락적 분석을 제공한다.

신주진은「K-드라마 속 마녀의 계보」에서 2000년대 이후 방영된 다섯 편의 드라마 속 매력적인 여성 인물들을 마녀의 계보 속에 위치시키고, 그들이 어떻게 욕망의 과잉으로 사회적 틀을 넘어서는지 보여주고 있다.

김한올은「모니크 위티그와 폴 B. 프레시아도, 세상을 마녀로 뒤덮기」에서 자신의 운명을 선택하고 결정하여 가부장 체제의 모순을 드러내는 현대판 마녀들의 예로서, 여성을 오로지 성적인 존재로 축소하는 이성애 체제에서 벗어날 것을 주장하는 프랑스 페미니스트 작가 모니크 위티그와 여성성을 포기하는 것이 페미니즘의 전략이 될 수 없을지를 질문하는 폴 B. 프레시아도의 작업을 소개한다.

김은하는 「여적여(女敵女)를 넘어서는 우정에 관한 탐색 : 은희경, 『빛의 과거』」에서 은희경의 서사가 어떻게 기존의 성녀/마녀 이분법을 와해시키는지에 대해 고찰함으로써 마녀의 '지식/교활함'이 가부장질서체계를 위반할 지팡이 역할의 가능성을 갖는지, 또한 남성만의 우정을 대신할 여성의 연대를 상상할 수 있는지에 대한 저자 나름의 답변을 내놓는다.

마법으로 인간을 혼돈에 빠트리는 여자, 아이를 잡아먹는 괴물 여자, 거짓으로 주인을 속이는 노예 하인 여자, 매력적이면서도 공포를 안기는 미스테리한 여자, 마녀는 이 모든 것이기도 하고 아니기도 하다. 환상과 실재가 얼버무려져 있는 솥단지에서 과연 무엇이 환상인지 무엇이 실재인지를 따져보는 것이 이 책을 쓰는 저자들의 공통된 바람일 것이라고 감히 말해본다.

저자들을 대신하여

김미연

혐오, 미러링, 마녀 되기

임옥희

우리시대의
마녀
매혹적인 두려움은 어떻게 세상을 바꾸는가

1. 새로 태어나는 여성들의 계보

어느 시대 어느 공간에서나 자기 시대의 첨단(edge)에 섰던 여성들은 있었다. 성경에 등장하는 최초의 여성은 이브다. 하지만 외경에 의하면 이브 이전에 최초의 여성이 있었다. 최초의 여성인 릴리스는 아담에게 여성상위체위를 요구했다. 성적 주도권을 주장하다가 그녀는 에덴동산에서 쫓겨났다. 순종과는 거리가 먼 릴리스는 사막으로 쫓겨나서도 악마와 야합한다. 그녀는 악마의 반려자이자 사막의 요부가 된다. 릴리스가 저지른 불온한 욕망의 대가로 그녀의 후손들은 황량한 사막의 모래바람 속에서 유랑하게 되었다. 릴리스는 가부장제 신화 아래서 악녀가 되고 요부가 되고 이브로 대체되면서 매장되어버린다.

고대 그리스 비극작가 에이스킬로스의 3부작 『오레스테이아』에서 그리스군대의 총사령관인 아가멤논은 전리품으로 카산드라를 데리고 의기양양하게 귀향한다. 트로이의 여사제였던 카산드라는 아폴로 신의 보복으로 엉터리 예언자가 된다. 그녀는 아폴로 신에게서 예지력만 훔치고 그의 사랑은 거절했다. 그녀의 기만에 대한 아폴로 신의 보복으로, 그녀가 아무리 진실을 말해도 아무도 믿지 않게 되었다.

10년 동안 왕국을 비웠다던 아가멤논 왕은 영광이 절정에 이른 순간 죽음을 맞는다. 카산드라의 예언을 귓등으로 들은 탓이었다. 그의 빈자리를 대신했던 클라이템네스트라는 정부인 이기스투스와 함께 아가멤논을 독살한다. 아버지의 왕국을 물려받지 못한 채 방랑하던 아들 오레스테스는 모친을 살해한다. 모친살해 이후 오레스테스는 분노의 여신들에게 쫓기게 된다. 그리스 시대 분노의 여신은 친족을 살해한 자에게 복수하는 여신들이었다. 오레스테스는 분노의 여신에게 자신은 아버지를 죽인 어머니를 살해했고, 그것은 친족살해에 대한 보복이며 정의를 실현한 것이라고 항변한다. 그러자 분노의 여신들은 '부부는 남남으로서 혈연관계가 아니지만 어머니와 아들은 혈연관계'라고 명쾌하게 답한다.

여신들의 보복이 두려웠던 오레스테스는 아폴로 신전으로 피신한다. 그곳에서 아테네 여신이 주관하는 재판이 열린다. 양쪽은 서로 변론한다. 결과적으로 배심원 12명의 판결은 가부동수였다. 그러자 캐스팅보트를 쥔 아테네 여신은 오레스테스의 손을 들어주었다. 자신은 어머니에게서 태어난 것이 아니라 아버지인 제우스신의 머리에서 태어났다는 것이었다. 인류학자인 모건은 이 사건을 모권제의 '세계사적인 패배'라고 일컬었다. 그 판결의 결과, 복수의 여신들은 힘을 잃었고 클라이템네스트라는 악녀 열전에 오르게 되었다.

고대 동아시아로 시선을 옮기면, 중국 고대의 세 왕조 하왕조, 주왕조, 상왕조의 멸망에는 경국지색인 세 여성이 있었다. 하나라가 망할 때 걸왕에게는 말희가 있고 상나라가 망할 때 주왕에게는 달기가 있었다. 주나라가 망할 때 유왕에게는 포사가 있었다. 그들의 미색과 치마폭에 둘러싸여 왕들은 정사를 돌보지 않았다. 말희, 달기, 포사 등은 동아시아판 마녀인 경국지색의 요물들이었다.[1]

이처럼 성적 자율성(릴리스), 지적 소유권(카산드라), 정치적 주도권(클라이템네스트라, 달기, 말희, 포사)을 요구하는 여성들은 악마화되고 마녀화되었다. 기존의 지배질서가 여성의 제자리라고 배치한 곳에서 일탈하는 여성들은 악녀, 마녀라는 이름을 얻었다. 마녀는 자기 시대의 지배적 규범을 벗어나는 여자들에게 붙여진 이름이었다. 여성에게 요구되는 덕목은 제분수를 알고 제자리에 머무는 것이다. 전통적으로 여성의 제자리는 남편을 공경하고, 자녀를 보살피고, 혈족을 섬기는 것이다. 그런 역할에 충실하지 않고 바깥으로 나돌면서 '수상한 짓'을 하고 '요망한' 질문을 하는 여자는 가족을 파탄내고 사회를 어지럽히는 위험한 여성들이다. 그들은 한 사회가 (구)토해내야 하는 혐오스러운 존재가 된다. 『가족, 사유재산, 국가의 기원』에서 보다시피 가족(여자와 아이들)은 가장의 사유재산이다. 사유재산으로서 가족(가장의 재산)제도에서 탈출하는 여자들, 야밤에 모여 춤추고 노래하는 여자들, 여자들의 불륜과 일탈을 돕는 산파들은 서구사회에서 마녀 취급을 받았다.

17세기에 이르러 마침내 지동설을 확립한 천문학자가 요하네스 케플러다. 그의 어머니 캐서린은 전형적인 마녀 이미지였다. 캐서

---

1 이숙인, 『동아시아고대의 여성사상』, 여이연, 2005, 1-23쪽.

린은 약초를 재배하고 치유로 생계를 유지했다. 하늘의 별자리에 관심이 많았던 점성술사이자 약제사이며 치유사였다. 그녀는 남편이 용병으로 비운 가난한 가정을 홀로 꾸렸다. 날카로운 혀로 입바른 소리를 잘하고 말이 많았다. 고소장에 따르면 쥐를 잡아서 묘약을 만들었다고 전해진다. 바로 그런 이유로 캐서린은 마녀로 몰렸다. 칠십이 넘은 나이에 마법을 행사한 주술사로 몰려 1년간 투옥되었다가 간신히 풀려났다. 울린카 루블랙(Ulinka Rublack)은 『천문학자와 마녀』[2]에서 마녀로 몰린 캐서린에 관한 이야기를 다시 쓰고 있다. 점성술과 천문학, 주술과 의학, 미신과 과학, 무지와 계몽 사이에서 흔들렸던 그 시대가 어떻게 마녀를 생산했는지 이 책은 잘 보여준다.

2. 근대적 자본축적기의 잉여인간

근대 자본주의의 자본축적기 동안 특이한 여자들이 등장하게 되었다. 그 시절 강조된 미덕은 근검, 절약, 노동이었다. 사치하고 낭비하면서 닥치는 대로 먹어치우는 여성은 공포의 대상이었다. 남편을 두고 다른 남자를 먹어치우는 여자의 불륜은 가족파탄의 원흉이었다. 가족이 인생의 전부여야 할 여자가 자기 욕망을 우선하면 어떻게 되는가? 『마담 보봐리』에서 엠마는 기숙학교 시절

---

2 Ulinka Rublack, *The Astronomer and the Witch: Johannes Kepler's Fight for his Mother*, Cambridge, 2015.

로맨스 소설을 탐독했다. 그녀는 소설책에서 읽은 낭만적 사랑을 꿈꾸었다. 그녀에게 시골 의사 샤를 보봐리는 백마탄 왕자처럼 보였다. 심지어 유부남이라는 사실이 짜릿한 흥분까지 주었다. 성질 나쁘고 골골거리던 샤를의 나이 많은 아내가 때마침 죽었다. 막상 결혼을 하고 보니 샤를은 상상력 없고 지루하기 짝이 없는 둔감한 남자였다.

재능도, 야심도, 열정도 없는 남편에게서 탈출할 수 있는 수단이 다른 남성들과의 로맨스였다. 엠마는 딸에게 모성 같은 것을 느끼지 못했다. 무료함을 견디려고 피아노도 치고, 시골 부르주아 아내의 역할에 충실하여 봉사활동도 했다. 처녀 시절을 수녀원 학교에서 보냈던 만큼 신실한 신자가 되려고도 애썼다. 그러다가 후작인 루돌프의 사교 파티에 초대받으면서 그녀는 사치스런 삶을 알게 되었다. 사랑받기 위해 그녀는 온갖 사치품을 사들였다. 유대인 고리대업자인 뢰레의 부추김으로 사치품을 사들인 대가로 고리대 빚은 눈덩이처럼 불어났다. 루돌프와 사랑의 도피행각은 실패로 끝났다. 도망가기로 한 날 루돌프는 아예 모습도 드러내지 않았다. 한때는 순수한 법대생이었으나 이미 속물이 된 레옹과의 사랑 또한 예정된 수순을 밟게 되었다. 엠마를 위한 사랑의 마차는 없었다. 불어난 채무 때문에 집이 채권자 뢰레에게 넘어가게 되자 시골의사 남편의 수입으로는 감당할 수 없었던 엠마는 비소를 삼킨다. 샤를은 낙심하여 죽고, 하나뿐인 딸은 고아원으로 보내진다. 자본축적기 그녀의 꿈과 욕망은 사치, 낭비, 허영이라는 이름으로 처벌받았다.

근대 소비자본주의의 증상으로 새로운 여성들이 출현했다. 쇼핑 중독과 도벽이 여성들 사이에 퍼져나갔다. 그들은 생리 후 증후군처럼 평소와는 다른 이상행동을 보였다. 모피를 두르고 보석으로 감싼 채 날고 싶은 여자들은 도둑질도 마다하지 않았다. 소비의 욕망으로 황홀경에 빠져서 그들은 호흡이 가빠졌다. 생식을 위한 성욕 이외에는 도착으로 간주되었던 시절에 그들의 일탈적인 욕망은 기이한 모습으로 드러났다. '여자떼거리'가 거리로 몰려나왔다. 그들은 백화점의 물건뿐만 아니라 넓은 치마 아래 온갖 것들을 훔쳐서 숨겼다. 그들의 치마 아래 감춘 다리가 남자의 것인지 여자의 것인지, 모피인지 보석인지 알 수 없었다. 무엇보다 그들은 물신 앞에서 오르가즘을 맛보았다. 물건 앞에서 성적 흥분을 느끼는 여자들은 당대의 성과학자들에 의하면 도착의 한 형태였다.

규범적인 이성애와는 거리가 먼 그들의 쾌락은 <앙코르, 앙코르>에서 성녀 테레사가 보여준 종교적 법열과 성적인 황홀경이 겹쳐진 모습을 연상시킨다. 불가능한 만족에서 고통스러운 희열을 느끼는 것이야말로 여성적인 주이상스다. 성과학자 리하르트 폰 크라우드 에빙은 이런 신성모독적인 분석들 때문에 가톨릭과 갈등하게 되었다. 물건에 탐닉하고 도벽까지 생긴 여성들은 퇴폐적이고 타락하고 헤픈 여성이라는 비난이 따라붙었다. 정숙함, 인내, 집안의 천사로 호명되었던 여자들이 이런 파렴치하고 천박한 짓거리들을 한다면 이들이 원하는 것은 무엇일까? 여자는 무엇을 원하는가? 여성의 욕망을 가르쳐달면서 남성 이론가들은 머리를 조아리게 되었다. 그것은 당시 신생학문이었던 정신분석학의 창시자 프로이트의 질문이기도 했다.

탐욕으로 훔치는 여자들의 짝패(double)가 청결한 거식증자다. 한때는 제3신분이었던 부르주아 계급의 안정적인 삶은 철저한 위생에 달려 있었다. 귀족 지주들처럼 자기 소유의 토지와 자산이 없었던 초기 부르주아들은 몸뚱이 하나로 그들과 경쟁해야 했다. 건강하고 튼튼한 몸을 유지하지 못한다면 그들과의 경쟁에서 도태되지 않을 수 없었다. 특히 전염병(흑사병, 콜레라, 독감, 폐렴)으로부터 자신을 보호할 수 있는 방법이 청결한 면역주체가 되는 것이 있다. 그리하여 근대의 공중보건, 위생, 식품영양학, 우생학, 의학 담론 등이 부상하게 되었다. 집안의 여성에게는 순결, 청결, 정결이라는 덕목이 요구되었다.

귀족은 하인들이 청소, 요리, 세탁과 같은 가사 노동을 대신했다면, 부르주아 주부들은 "닦아, 닦아, 닦아"라는 명령 속에서 강박적으로 청결에 몰두했다. 서구문학에서 꿇어 엎드려 쓸고 닦는 굴종적인 자세의 하녀들의 엉덩이는 주인집 남자와 아들의 차지처럼 묘사되는 경우가 허다하다. 그런 하녀들은 호시탐탐 안주인의 자리를 노리거나 평온한 부르주아 가정에 불화를 일으키는 외부의 오염원이자 보균자로 취급받기도 했다. 외부에서 들어온 오염원들을 관리하는 것 자체가 안주인의 역할이었다. 안주인의 근본 덕목이자 본분은 청결이었고 그것이 부르주아 가족을 유지하는 기본기였다.

강박적인 청결로 인한 결벽증은 위생적 주체화 과정에서 잉여로 남는 찌꺼기이자 근대적인 질병이었다. 결벽증자는 남성적 욕망의 대상이 되지 않으려 한다는 점에서 거식증자다. 그들은 성적 쾌락이나 유혹의 오물이 묻어 자신을 더럽힐까봐(매독의 공포) 무성애로 무장한다. 프로이트가 일면식도 없는 도라의 엄마를 도라의 말만 듣고 결벽증자로 단정하는 것처럼, 부르주아 가정주부가 보여준 증상의 하나가 결벽증이었다. 자신의 어머니는 자식들이 깔끔하게 닦아놓은 가구에 손자국을 내는 것을 견딜 수 없어했다고 도라는 말한다. 도라의 아버지가 프로이트를 처음 방문했을 때 그는 매독에 시달리고 있었다. 그런 남편으로부터 벗어나는 한 방법이 성적 거식증자로서 결벽증자가 되는 것이었다.

3. 뮤즈이거나 창녀이거나

근대는 신교육에 의해 신분제가 해체될 수 있을 것으로 여겼던 시기이다. 탄실 김명순은 봉건적인 신분질서에서 벗어날 수 있는 유일한 수단으로 공부를 선택했다. 봉건적 신분질서로부터 단절하려는 근대적 자의식과 첩실소생으로서 경험한 수모로부터 여성적인 각성이 싹트기 시작했다. 이런 자의식은 식민치하에서 비롯된 신지식인들의 민족적 각성과 반봉건의식과도 무관하지 않았다. 김명순은 기생의 딸이라는 질곡 때문에 「탄실이와 주영이」에서 보다시피 신분세탁을 위해서라도 근대적인 교육의 필요성을 강하게 느꼈다.

하지만 근대적 모던보이든, 보수적 민족주의자든, 급진적 좌파든 상관없이, 지식인 남성문인들이 보여준 태도는 자신에게 영감을 주는 여성은 뮤즈였지만 그렇지 않을 경우 창녀로 간주하는 이분법적 사고였다. 모던보이였던 김동인은 일본 유학에서 돌아온 김명순을 『창조』의 동인으로 모셨다. '양은 불붙는 듯한 열정과 흐르는 듯한 예술적 천분'[3]이 있었다는 것이 그녀를 동인으로 모신 이유였다. 하지만 김명순이 남성들의 유혹에 넘어가는 순간 그녀는 탕녀로 내쳐지게 된다. 뭇남성의 시선을 즐겁게 해주는 여배우는 곧 창녀 취급받던 시절에, 문인이자 여배우이기도 했던 김명순은 무성한 뒷담화로 창조 동인에서 축출되었다. 김동인의 『김연실전』 자체가 김명순에 대한 패러디인 만큼 여권론자들 또한 그에게는 풍자의 대상이었다.

카프소속 문학청년이었던 김기진 역시 여성문제에 관한 한 민족주의 우파 남성들과 전혀 다를 바 없었다. '신여성' 인물평에 실린 김기진의 「김명순 씨에 대한 공개장」은 그녀에 대한 세간의 비난의 정도를 짐작케 한다. 김동인과 김유방 등이 김명순을 상징적으로 교환한 것은 그렇다 치더라도, 자칭 사회주의자인 김기진의 태도는 더욱 위선적으로 비쳐진다. 그는 김명순의 작품을 그녀의 전기적인 사실로 등치하고 왜곡한다. 즉 처녀시절 남성에게 성폭력을 당한 결과 히스테리가 되었고, 평양기생이었던 어미의 불결한 피가 그녀에게도 흐르고 있어서 화냥기를 유전으로 이미 물려받았다는 것이

---

3 『創造』, 1921, 1호.

다. 그 위에다 자신의 화냥기를 문학으로 덧칠하고 자유연애를 여권주의쯤으로 착각했다. 김명순의 화냥기는 잠잠하다 불쑥 치솟아서, '그리하야 이 동(動), 정(靜)이 그의 시에, 소설에, 또한 그의 인격에 나타난다'[4]고 김기진은 주장한다. 봉건 악습인 신분제 폐지를 주장하고 계급투쟁을 논하면서도 김기진은 신분의식에서 전혀 벗어나지 못했고 유교 가부장제의 순결 이데올로기에 매몰되어 있었다. 김명순은 화류계 여성을 어머니로 두었다는 이유만으로 이미 히스테리 화냥년 취급을 받았다. 소위 좌파남성의 신분의식과 성차별주의와 마주하면서, 맑스걸 허정숙은 '그들이 마르크스를 읽은 줄 알았더니 사서삼경을 읽었다'고 통탄했다.

'얻은 것은 이데올로기이고 잃은 것은 예술이다'라는 경구로 더 유명해진 박영희에게 무늬만 모던걸은 단발에 뾰족 구두 신고 루즈를 붉게 바른 이미지였다. 스스로 생활력은 없는 것들이 사치하고 방탕하는 호화로운 생활을 한다면, 여자는 필히 유녀 아니면 매음녀라는 것이었다.[5] 식민지 근대 시기의 남성 지식인들의 욕망은 여성을 타자화함으로써 잘 드러난다. 좌파, 우파, 댄디, 민족주의자, 산보객을 막론하고 여성의 섹슈얼리티 문제에서만큼은 일치된 목소리를 내고 있다. 1980년대에 이르러서도 가부장제 의식은 그다지 달라지지 않았다. "그렇다면 나에게 페미니즘은? 나에게 페미

---

4 김기진, 「김명순씨에 대한 공개장」, 『新女性』, 1924, 11, p. 50.
5 1934년 1월 2일부터 1월 11일까지 [동아일보]에 연재되었던 박영희(朴英熙)의 평론, 「최근 문예이론의 신전개와 그 경향」 참조.

니스트의 이미지는 금발과 훌쭉한 얼굴, 깡마른 몸매를 가진 서양 여자다. 속된 표현을 쓰자면 '양년'의 이미지다. 속된 표현을 한 번 더 사용한다면 '잡년'의 이미지다. 성적으로 개방적인 것은 기본이고 성적으로 모호하고 '변태적'이라는 게 페미니스트에 관한 지배적 이미지다."[6]

이런 상상력이야말로 좌파 민족주의가 서양 것으로 간주된 페미니즘에 보이는 통속적인 태도다. 그런 태도에는 식민화된 나라의 토종남성들의 좌절된 기개를 보여주는데 식민종주국의 양년을 정복하는 것보다 더욱 민족주의적인 것은 없다는 발상이 깔려있다. 바로 그렇기 때문에 식민화된 민족의 독립과 자율성을 상징하는데 전통적인 순결한 여성상만큼 더할 나위없이 좋은 이미지도 없었다. 이들에게 여성은 민족을 상징하는 순결하고 희생하는 모성이거나 아니면 화냥년이 된다.

5. 메갈리언들: '근본 없는 패륜아들'

페미니즘이 유행하는 문화적 취향이자 라이프스타일이 되어버린 시대를 조롱하는 이미지 중 하나가 한동안 인터넷을 달궜던 '된장녀'다. 한 시대가 욕망하면서도 혐오로 소비하는 것이 페미니스트의 이미지다. 2008년으로 거슬러 올라가 된장녀는 '젠장녀'에서

6 신현준, 「그 페미니즘과 그 사회주의」, 『씨네 21』 357호, 2002년 6월 25일.

기원했다는 기원설화를 가지고 있다. 된장녀는 된장 냄새 풍기는 원주민이면서도 뉴요커인 냥 소위 '양년' 흉내내는 여성들을 조롱하는 멸칭이었다. 된장녀는 경제력은 없어서 '남친'이나 '오빠'들에게 의지하면서도 자신에게 불리할 때는 페미니즘으로 '쉴드치는' 여자들을 뜻했다. 어디서 많이 들어본 소리 아닌가! 근대 초기 박영희는 당시의 모던걸들을 두고 이와 유사하게 매도했었다. 이런 혐오발화는 지치지도 않고 여성들을 기생하는 타자로 만들어왔다. 겉멋만 든 그들은 스타벅스 커피를 테이크아웃해서 나른하게 걸어다닌다. 소품도 다양하다. 가슴에 끼고 다닐 원서, 화장품이나 디카를 넣어다닐 날렵한 명품 가방, 명품에 속하는 남자친구, 결혼상대는 3천 CC 이상의 자동차를 몰고 키는 180 센티미터 이상, 옷 잘입는 '사'자 직업 정도다. 그들은 그런 남자를 만나려고 카드빚을 얻어서라도 몸에 모든 것을 투자한다. 성적으로는 <섹스 앤 더 시티>에 나오는 뉴요커처럼 자유분방한 자신을 쿨하다고 여긴다. 이것이 2008년 무렵 일베의 환상 속에서 만들어낸 '역겨운' 된장녀들의 이미지였다.

이처럼 온라인에서 부글거리던 여성혐오가 오프라인으로 터져나오게 된 계기는 메르스 감염병 때문이었다. 2015년 낙타에 기생하던 메르스 바이러스로 인해 수십 명(38명)이 사망하게 되자, 어떻게 그것이 한국에 전파되었는가 라는 의문이 제기되었다. 중동의 단봉낙타에 기생하는 바이러스가 뜬금없이 왜 한국에 출현했는가? 중동으로 여행갔던 여자들이 이 감염병을 옮겼다는 가짜 뉴스가 일파만파로 퍼져나갔다. 디시인사이드의 일베 사이트를 중심으로 가짜 뉴스가 복제 재생산되면서 여성혐오가 걷잡을 수 없게 되었다. 남편이 등골 휘게 벌어다 준 돈으로 여행이나 다니는 한가한 여자들에 대한 비난이 쏟아져 나왔다. 그러다 최초 확진자가 남성으로 밝혀지자, 일순간 고요해졌다.

2015년 이후 일베의 여혐은 디지털 환경으로 인해 광속으로 전염되면서 '한남' 정서의 디폴트가 되었다. 디지털 환경의 익명성이 '무지의 베일(젠더, 학력, 나이, 지역, 젠더를 알 수 없는)'로 기능함으로써, 그들은 오로지 여성혐오의 드립력을 통해 '주목경제' 시대에 남초 갤러리 안에서 인정받았다. 그들에게 페미니스트로 정체화하는 여성들은 혐오의 대상에서 나아가 한국사회의 '주적'이 되었다.[7] 상징자본, 학력자본, 사회자본과 상관없이 그들은 여성 혐오 하나만으로 연대할 수 있게 되었다. 이들에게 여성혐오는 시대정신이었다.

버지니아 울프는 『자기만의 방』에서 가부장제 사회에서 여성은 남성을 실제보다 두 배로 확대해서 보여주는 확대경이라고 말했다. 경쟁에서 살아남는 것은 누구에게나 힘든 일이다. 하지만 여성의 열등성 강조는 자기계발과 자아실현과 같은 노력 없이도 남성이 자신을 우월한 존재로 만드는 경제적 방식이다. 그런데 여성이 더이상 확대경 노릇을 거부한다면 어떻게 되는가? 일베의 여성혐오

---

7 천관율, 「20대 남자 그들은 누구인가」, 『시사인』 604호, 2019년 4월 19일.

는 메갈리언/워마드의 미러링을 촉발했다.[8] 메갈리언들은 디지털 환경에서 들끓는 여혐에 대항하여 성전쟁을 수행한 디지털-원주민들이었다.[9] 메갈리언들은 남성들의 혐오발언에 똑같은 '드립'으로 맞섰다. 아이러니컬하게도 디지털 환경의 익명성은 여자들에게도 남자들이나 마찬가지로 드립과 쌍욕과 유머를 발휘할 수 있게 해주었다. '감히 여자가' 혐오의 대상이 아니라 혐오의 주체가 되다니! 메갈리언들의 탄생 이전에는 상상하기 힘든 일이었다. 그들은 비루해진 남성들에게 젠더감정 투자은행에서 위로와 미소와 자존감을 인출해주지 않았다. 가부장제 감정정치의 토대인 미소지니(misogyny)로 인해 성적 대상화되었던 여성들과는 달리, 언제나 보편인간이었던 남성은 메갈리언들의 미러링으로 인해 남성으로 젠더화되고 성적 대상화되는 모멸을 거의 처음으로 경험하게 되었다. 남성들에게 메갈리언들의 미러링은 그야말로 충격 한 방이었다.

2016년 강남역 살인사건은 젊은 여성들의 불안과 공분을 불러 일으켰다. 그 사건을 두고 경찰은 페미사이드가 아니라 조현병자의 우발적 살인이라고 발표했다. 남성의 여친 살해는 과도한 사랑의 표시로 정당화된다. 살해당한 여자들은 그럴만한 이유가 있었다. 여자가 홀로 밤늦게 돌아다니니까, 혹은 남자에게 무시하는 눈길을

---

8 SNS 상에서 진행된 성전쟁은 이후 『근본없는 페미니즘』으로 출간되었다.
9 국지혜 외, 『근본없는 페미니즘』, 이프, 2018. 메르스 사태에서부터 워마드에 이르기까지, 일베의 여성혐오에 대항하는 미러링의 전체 과정을 상세히 기록하고 있다. 미러링을 통해 만들어낸 워마드 단어사전은 이 책을 참조.

던졌으니까, 한국 남자라면 욱해서 그럴 수도 있다는 것이다. 남성의 가족살해는 가장으로서의 무거운 책임감에서 저지른 동반자살로 미화된다. 팁트리 제임스 주니어(James Tiptree Jr)의 말처럼 '한 남자가 아내를 죽이면 살인이라고 부르지만, 충분히 많은 수가 같은 행동을 하면 생활방식"[10]이자 문화가 된다.

2018년 4월 27일 남북정상회담과 더불어 세계 유일의 분단국가인 한국으로서는 역사적인 드라마가 진행되었다. 뒤이은 싱가포르 북미정상회담으로 덕분에, 문재인/김정은의 회담은 브로맨스로 모에화되었다. 이런 역사적 남북 화해무드에 찬물을 끼얹으면서, 젊은 여성들이 떼지어 거리로 몰려나왔다. 그들에게 여성 의제는 계급 문제 이후에, 민족문제 이후에, 북한비핵화 이후에, 남북통일 이후에, 미세먼지 이후에가 아니라 무엇보다 최우선적인 것이었다. 서북청년단 출신 태극기 집회 노인과 일베 청년이 여성혐오로 연대한다면, 계급문제, 민족문제, 노동문제, 환경문제가 해결된다고 하여 여성문제가 저절로 해결될 리 만무하다. 그들은 남북화해무드로 인해 뒷전으로 밀려난 여성살해, 불법촬영, 디지털 성폭력을 방관해온 정부를 규탄했다. 불법촬영 편파수사를 규탄하면서 시작된 '불편한 용기' 시위는 시위가 거듭될수록 더 많은 '여자떼거리'(주최측 추산 7만, 경찰 측 추산 1만 5천)가 거리로 쏟아져 나오도록 주도했다. 한국사회에서 여성으로서 체화된 두려움과 불안(강간문

---

10 제임스 팁트리 주니어, 『체체파리의 비법』, 이수현 옮김, 아작, 2016, 23쪽.

화, 몰카, 성폭력, 데이트폭력 등)과 분노와 더불어 메갈리언들은
여성들에게 '불편한 용기'를 내라고 외쳤다.

그로 인해 역사적 잔존물로 간주되었던 트랜스 배제 래디컬
페미니즘(TERF)이 재소환되었다. 생물학적 남자는 물론이거니와 남
자의 흔적을 가진 트랜스여자들은 여성의 안전에 위험한 존재다.
그러니 생물학적 여성만 참여하라는 시대착오적인 '순혈여성들'만
의 시위가 현실이 되었다. 한국에서 '한남'들의 여혐은 트랜스배제
래디컬 페미니즘이 부활하는 티핑포인트가 되었다.

메갈리언들의 미러링은 수동적으로 '한남'을 되비쳐주는 거울
역할만 한 것은 아니었다. 여성들도 언제든 가해자의 자리에 설
수 있다는 것 또한 보여주었다. 기회와 조건만 주어진다면 사냥감
이 사냥하는 자가 되고, 잡아먹히는 자들이 잡아먹는 자가 되고,
피식자가 포식자로 자리바꿈을 할 수 있다. 그들은 자신들이 벗어
나고자 했던 약자의 자리에 또 다른 약자들을 떠밀어 넣는다. 보편
적 여성에 묶일 수 있는 오직 하나의 여성이란 없다. 생물학적 여성
이라는 신화에 빠져있는 여성순혈주의는 이미 자기 안의 오물과
찌꺼기를 외부 타자의 탓으로 전가하고 비난하는 것과 다르지 않
다. 그것이 메갈리언들의 미러링이 보여준 아이러니다.

오랜 세월 경찰은 사이버범죄를 사생활 혹은 가정사라는 이유
로 거의 무대응으로 일관해왔다. 수십 년간 지속된 남성들의 성범
죄행위에 대해서는 관대했던 경찰이 홍대 남성누드 모델 사진을
유포한 여성 도촬범을 체포하는 데는 기민하기 이를 데 없었다.

그로 인해 '동일범죄 동일수사'라는 여성들의 집단적인 분노의 목소리가 터져나오게 되었다.

젊은 여성들의 억눌린 분노는 일파만파로 퍼져나갔다. 수만 명의 여성들이 일시에 군집하도록 만든 것은 디지털 원주민으로서 미디어를 활용한 그들의 힘이었다. 여성들이 민족, 국가, 노동, 계급과 같은 의제가 아니라 오로지 여성들의 이슈로 이처럼 대규모로 모인 것은 1924년 여성동우회가 천도교회당에 모여 '우리도 사람이다. 우리도 살아야 하겠다'는 처절한 창립선언을 한 이후 최근 세대에서는 처음 있는 일이었다. 그로 인해 권명아는 메갈리언들은 단지 인터넷 커뮤니티가 아니라 '여자떼'의 집단적 봉기이자 공론의 장에 여성들의 목소리가 들리기 시작한 것[11]이라고 주장한다. 그것은 여자문제로 수만명의 여자들이 거리로 몰려나온 역사적인 사건이었다. '나의 일상은 너의 포르노가 아니다'라는 외침이 시위 현장에서 울려 퍼졌다. '동일범죄, 동일처벌'은 가해자 남성들에게 면죄부를 주었던 한국사회의 가부장제적 행태가 보여준 무지와 둔감함에 대한 여성들의 해묵은 분노에서 비롯된 외침이었다.

SNS 상에서의 성전쟁에 무지했던 필자로서는 고백하건대 그들의 공포를 공감하고 이해하기 힘든 지점이 있었다. 『근본없는 페미니즘』을 읽고서야 비로소 오금이 저렸고, 공포가 전염되어 옴을 느꼈다. 디지털 시대 성폭력의 경우에도 여성들은 면 대 면, 혹은

---

11 권명아, 『여자떼 공포, 젠더 어펙트—부대낌과 상호작용의 정치』, 갈무리, 2019.

한 명의 성폭력범과 싸우는 것이 아니다. SNS상에서 몰카, 동영상은 퍼나르기를 통해 조회 수를 거듭하면서 수십만, 수백만 명이 한순간에 보게 된다. 번개 같은 전파속도 앞에서 속수무책이었던 여성들은 그로 인해 자살하기에 이르렀지만, 자살한 여성의 동영상마저 또 다시 유포하는 식이었다. 구하라, 설리 같은 연예인들도 예외는 아니었다. 생전의 설리는 그깟 악플 쯤은 전혀 개의치 않는 것처럼 보였다. 반면 악플러들은 죄책감조차 없는 것 같았다. 그들에게는 혐오 놀이가 있을 뿐이었다. 자신의 혐오발언에 자살하는 사람을 보고 오히려 자신이 대단한 인물이라는 나르시시즘을 즐기기도 했다. 그들은 자신의 말 한 마디에 타인의 생사가 달려 있고, 자신은 전능한 존재라는 유아적 환상 속에서 사는 것처럼 보였다.

2018년 7월 7일 열린 3차 혜화역 시위에서 "문재인 재기해"라는 구호가 터져나왔다. 문재인 대통령이 불법촬영 범죄를 두고 "편파수사 아니다"라고 발언한 데 따른 반발이었다. 그 당시 비폭력적이고 평화적인 여자들이 '어떻게 이런 끔찍한 구호를 외칠 수 있는가'라는 것이 대체적인 반응이었다. '재기해'라는 구호는 2013년 남성연대 대표인 성재기가 한강에 투신한 것에서 '재기해=투신해'라는 의미로 가져온 것이다. '곰'이라는 퍼포먼스는 '문'을 위 아래로 뒤집은 형상이다. 따라서 "곰 재기해"는 문재인 재기해라는 구호다. 고(故) 노무현 대통령처럼 투신하라는 것이다. 이것은 일베가 노무현 대통령을 조롱하면서 했던 표현이기도 하다. '곰 재기해'는 페미니스트 대통령이라고 한 문재인 정부의 둔감한 젠더감수성에 대한 분노의 표시였다. 그로 인해 메갈리언들은 패륜적인 마녀집단으로 내몰렸다.

그들은 마녀집단으로 내몰린 희생양이 아니었다. 자신들을 마녀화하는 사회에 맞서 적극적으로 마녀 되기를 실천한 집단이었다. 해러웨이의 논리에 따르자면 메갈리언들의 패륜의 정치야말로 유머없이 문자적으로 가부장제를 내파하려는 전략이 된다. 가부장제의 재생산에 공모하는 여자들은 '한남유충'을 낳아서 부계의 연속성을 유지해나간다. 하지만 여자들이 결혼, 출산을 거부한다면 어떻게 되는가? 메갈리언들의 4B(비혼, 비연애, 비출산, 비섹스) 실천이야말로 결혼제도, 성문화, 가족제도를 내파하는 가공할만한 힘이다. 결혼제도에 진입하지 않은 미혼모에게서 태어난 아이들은 아직도 '근본없는 호로자식'이 된다. 동성애혐오에서 보다시피 생식 이외의 성관계가 변태라는 구태의연한 발상은 여전하다.

마법이 자본시장에서 자기계발용 창의력으로 전유되거나 마녀의 이미지가 마법을 행사하는 무해한 귀요미 정도로 취급받는 시대에 마녀되기는 가부장제 사회를 위협하던 폭발적인 힘과는 이제 거리가 먼 것처럼 보인다. '우리는 당신들이 불태우지 못한 마녀들의 손녀들이다', '두려움에 떨어라 우리가 돌아왔다'고 외쳤던 시절의 마법은 사라져버린 것처럼 보인다. 이런 시대에 뜬금없이 길거리로 몰려나온 불온하고 패륜적인 여성들이 지르는 샛된 비명은 듣는 사람들을 오싹하게 만든다. 100년 전 여성동우회를 최초로 조직한 여성들의 '여자도 인간이다, 살아야겠다'는 절규처럼, 우리는 당신들이 불태워도 불사조처럼 살아돌아온 마녀들이다, 우리를 무서워하라고 그들은 시대착오적으로 외치고 있다. 그들은 도로시를 돕는 착한 마녀가 아니라 사악한 마녀의 계보를 자발적으로 계승하려고 한다. 그녀가 남겨놓은 마녀의 뾰쪽한 구두를 신고. 그들은 반시대적 행위를 통해 자기 시대의 전위에 서서 세계를 변혁시키고자 한다. 어떤 방향으로든. 지배 문화의 코르셋을 뚫고 나온 파열적인 힘들이 차별적이고 퇴행적인 방식으로 흡수되지 않도록 힘을 모으는 것이 필요하지 않을까 한다. 함께 살아가고 있는 여자들의 책무로서.

참고문헌

권명아, 『여자떼 공포, 젠더 어펙트—부대낌과 상호작용의 정치』, 갈무리, 2019.
김수진, 『신여성, 근대의 과잉』, 소명출판사, 2009.
김익명 외, 『근본없는 페미니즘』, 이프북스, 2018.
도나 해러웨이, 『해러웨이 선언문』, 황희선 옮김, 책세상, 2019.
_____, 『겸손한 목격자@제 2의_천년.여성인간ⓒ_앙코마우스™을 만나다』, 민경숙 옮김, 갈무리, 2006.
엘렌 식수, 캐서린 클레망, 『새로 태어난 여성』, 이봉지 옮김, 나남, 2008.
윤보라 외, 『여성혐오가 어쨌다구?』, 현실문화사, 2015.
이숙인, 『동아시아 고대의 여성사상』, 여이연, 2005.
임옥희, 『메트로폴리스의 불온한 신여성들』, 여이연, 2020.

(재)생산 위협의 아이콘으로서 마녀

김미연

우리시대의 마녀

매혹적인 두려움은 어떻게 세상을 바꾸는가

들어가며1

　최근 '재생산'2과 관련해 주목할 만한 논의를 크게 두 부류로 나누어 볼 수 있겠다. 그 첫 번째 부류에 속한 인물로서 실비아 페데리치는 여성들의 가사, 육아, 돌봄 등이 사회에서 중요한 생산적 역할을 하는데도 불구하고 마르크시즘의 생산/재생산 논의에서 간과되고 있는 점을 비판하며, 동시에 '부불 가사 노동'의 재생산 역할을 인정할 것과 가사 노동에 대한 임금 지불의 당위성을 역설하고 있다. 또한, 페데리치의 관점에서 볼 때 자본주의로의 이행의 역사에서 여성의 노동이 비가시화되는 양상은 중세 말 근대 초에 횡행한 '마녀 박해'의 이면에 있는 '경제적 약탈'의 측면을 볼 수 있도록 한다. 종교적인 이단자로 몰린 채 화형당한 많은 수의 여자들 대부분이 노동자계급에 속했으며, 그들의 물질적, 비물질적인 노동은 '비합리적인 미신이나 주술'과 같은 오명을 쓰며 비난받고, 위조되고, 무시되었다. 페데리치의 연구는 자본주의의 시초 축적으

1　본문 일부는 글쓴이의 2018년 박사 논문 〈치유와 폭력: 이디스 워튼과 윌라 캐더의 미국적 질병 재현〉에서 가져왔음을 밝혀둔다.
2　이 글에서 '재생산(reproduction)'은 가사, 육아, 노인 돌봄과 같은 노동력 재생산의 활동뿐만 아니라 임신, 출산과 같은 '생식' 활동의 의미까지 모두 포괄한다.

로서 여성 노동자계급의 (재)생산 노동이 얼마나 착취되어왔는지 그리고 그 노동의 주체가 어떻게 '마녀화' 되었는지 보여준다는 점에서 주목할 만하며, 21세기 현재에도 여전히 여성의 재생산 노동의 무시와 착취가 전 세계적으로 진행되고 있음을 상기해 준다는 점에서 더더욱 주목할 만하다.

한편, 재생산과 관련된 또 하나의 중요한 논의는 임신과 출산을 포함한 '생식'과 관련된 논의이다. 이 논의는 '인공 자궁'과 같은 소위 '보조 재생산(assisted reproduction)' 기술이 여성을 자유롭게 할 수 있을 것이라는 슐라미스 파이어스톤(Shulamith Firestone)의 『성의 변증법』에서 출발한다. '인공수정, 시험관 수정, 인공 태반'과 같은 기술의 발전이 이성애 위주의 가부장적인 성 역할을 해체하고 여성 해방을 가능케 할 것이라는 파이어스톤의 확신은 여성의 재생산 노동의 의미에 대해 새롭고 유의미한 접근을 제시해주었다.

그러나 기술 유토피아의 가능성을 전망한 파이어스톤의 논의는 21세기 재생산 기술의 혁신적인 발전이 도래하면서 추가적인 논의의 필요성 또한 제기했다. 예를 들면 기술의 발전이 과연 가사노동에서 여성을 자유롭게 했는지를 반문하는 페데리치와 유사하게, '인공 자궁'과 같은 보조 재생산 기술이 여성을 재생산 노동에서 완전히 해방시킬 수 있는지를 묻는 논객들이 출연한 것이다. 이 논객들의 새로운 논의는 21세기에 접어들면서 '보조 재생산' 기술의 해결책이 "임신을 상업적 거래로, 몸을 상품으로 바꾸고 유전적 완전성에 집착하게 하며 인종적 배제와 국가 폭력의 역사를 반복하

게 한다"며 우려를 표하고 있다.[3]

재생산 기술의 사용과 관련해서 구체적으로 '난자 동결'과 '체외 수정' 같은 재생산 기술을 사용한 여성들의 사례를 살펴보면, 성, 인종, 계급, 섹슈얼리티의 교차적 이해가 선행되어야 함을 알 수 있다. 예를 들면, 난자를 공여하거나 대리모를 수행하는 여성들은 "위태로운 경제 상태에 놓인 여성들"일 경우가 많고, '인공 자궁'을 사용하는 경우에 "흑인 영아의 사망률이 백인의 거의 두 배"에 이르며, 배아를 선택할 때 "장애인 차별에 의한 임신 중절의 가능성"이 높은 비율로 발생하는 것이 지금의 현실이다.[4] 따라서 성, 인종, 계급, 그리고 섹슈얼리티 모두 고려하면서 배아를 선택하는 상황을 상상해 본다면, '보조 재생산' 기술이 만들어 낼 미래가 완전한 성적 해방의 유토피아를 구현하는 모습일지에 대해서 재고의 여지가 있다.

이 글에서는 재생산 논의, 특히 위 두 번째 논의와 관련해서 국가의 '생식' 이념과 그로 인해 파생되는 도덕적 윤리적 규범이 여성 개인에게 어떠한 영향을 미치는지를 살펴보고자 한다. 특히 의학 담론이 주도하는 '성적 규범' 그리고 '건강함'의 기준에 의해 여성이 '질병화'되는 과정을 보려 한다. 2020년 현재 한국의 여성들은 한편으로는 임신, 출산, 육아를 전담하면서도 재생산 노동에

---

3 머브 엠리 외, 『재생산에 관하여: 낳는 문제와 페미니즘』, 박우정 옮김, 마티, 2019, 8쪽.
4 위의 책, 52, 58-9쪽 참고.

대한 평가를 받지 못하는 상황에서 '맘충'이라는 혐오의 표현을 듣고 있으며, 또 다른 한편으로는 OECD 국가 최저 출산율의 불명예에 책임이 있다는 비난 섞인 시선을 온몸으로 받고 있다. 재생산과 관련해서 한쪽에서는 노동의 재생산 역할을 인정받지 못하고, 또 한쪽에서는 오로지 '생식'의 기능만 강조됨으로써, 여성을 향한 비난과 혐오가 양산된다. 이와 같은 모순된 성 역할 규범에서 갈등과 혼란에 처한 여성들의 현실은 흥미롭게도 한 세기 전 '현대 의학'이 탄생했다고 알려진 시기의 미국 여성들이 겪었던 문제와 매우 유사하다는 발견이 이 글의 출발 지점이다.

20세기 초 미국 사회를 지배했던 이른바 '생식 도덕(reproductive morality)'이 당대 다양한 인종과 계급에 속한 여성들의 삶을 어떻게 구속하고 있는지를 보는 것은 현재 한국 사회에서 '여성/페미니스트/노인 여성'에게 가해지는 구속과 혐오의 기원을 이해하는 통로가 될 수 있다. 특히 20세기 초 미국 사회를 지배하고 있던 '사회적 진화론', '우생학', '침범 이론' 등의 이론 혹은 이념은 동시대인들 사이에서 암묵적으로 정신적, 신체적 '건강함' 혹은 '정상성'에 대한 기준을 만들어냈으며 그 기준에 미치지 못하는 몸을 '질병'의 틀에 가두고 심지어는 '강제적으로' '불임'시키는 현상이 빈번히 발생했다. 이 과정에 "인종적 배제"와 "국가적 폭력"이 암묵적으로 이루어진 점도 사실이다. 우생학을 기반으로 '건강 가족대회'가 개최되고, '건강한 가족 만들기'를 위한 '좋은 어머니'로서의 역할 기대가 20세기 초 미국에 만연한 분위기였으며 그 분위기가 한 세기 넘게 미국 사회에 여전히 유지되고 있음을 볼 때, 현재 한국 사회는 어떤가? 우리 사회의 뿌리 깊은 '단일 민족적, 가부장적, 이성애 가족주의' 역시 20세기 미국 사회의 '생식 도덕'의 이념과 그리 다르지 않은 억압의 양상들을 담고 있지 않은가?!

1. '의료 가부장'의 탄생과 사라진 마녀들

건국 이후 미국에서 치료사로 잘 알려진 사람들을 보면, 17세기 여성 앤 허친슨(Ann Hutchinson)이나 18세기 흑인 남성 닥터 프리머스(Dr. Primus)처럼 성과 인종의 측면에서 동시대 유럽과는 사뭇 달랐다. 이러한 분위기는 계급 사회인 유럽과 차별화하려는 미국인들의 욕망이 있었기 때문에 가능했다. 하지만 1900년대 초반 이런 분위기에 큰 변화가 생긴다. 백인 남성으로 구성된 '전문가' 집단이 탄생한 것이다. 특히 이들은 당시 엘리트들 사이에서 인기를 끈 '사회적 진화론', '우생학'과 같은 '진보' 이데올로기에 편향되어 있었다. '사회적 진화론'은 인종 갈등을 사회 '진보'의 열쇠로 믿는다는 점에서 인종차별적이다. 더구나 경쟁에서 지는 쪽이 자연적으로 퇴보하게 되어있다는 생각은 사회적 진화론이 지향하는 '자유방임적' 특성이다. 사회적 진화론은 외부(국가)의 간섭 —사회복지 정책과 같은 예— 에 의해 '자연의 흐름'(이른바 적자생존)이 깨지는 것을 경계한다. 반면에 우생학은 국가가 나서서 유전적 퇴보를 막아야 한다고 본다. 우생학의 관점에서, '가난', '범죄', '저능', '광기'의 범주에 있는 자들의 자유로운 번식은 미래 세대를 위해서 막아내야 하는 것이 된다. 특히 1900년대 초반 미국의 우생학은 이민자를 인종 별로 위계화하는 데 사용된 것은 물론, 여성의 '생식'을 조절하는 강력한 무기로 작동했다.

　다음 절에서 구체적인 사례와 함께 우생학적 사고에 의해 조성된 '생식 도덕'에 대해 논의하겠지만, 여기서 잠시 당대 의료 담론과 우생학의 공모 관계를 일별해 보자. 우생학은 1883년 영국의 프란시스 골턴(Francis Galton)이 '좋은 혈통(eugene; good in birth)'이라는 의미로 주조한 이래 20세기 초반 미국의 정치, 사회, 문화에 많은 영향을 미친다. 골턴 이후의 우생학 신봉자들은 "생식과 생물학적 선택을 위한 과학적 기준들을 통해서 완벽한 사회를 만들 수 있을 것이라는 믿음"을 공유한다.5 그들은 소위 '인간 개량(human betterment)'이라는 목적을 달성하기 위해 '부적격(the unfit)'이라고 판단되는 유전적 약점을 미래 세대에 전달하지 않으려는 노력이 중요하다고 여긴다. 인종주의에 기반해서, 20세기 우생학을 가장 적극적으로 수용한 예는 독일의 나치 정권이라고 볼 수 있겠지만, 미국의 경우 20세기 초 자국으로 유입하는 이민자들의 인종을 우생학적 토대에서 제한하는 정책, 예를 들면 동유럽이나 남유럽, 아시아와 아프리카 등지에서 오는 이민자를 제한하는 법을 적극적으로 입안하기도 했다.6

5　Chloe S. Burke & Christopher J. Castaneda, "The Public and Private History of Eugenics: An Introduction", *The Public Historian* 29(3), 2007, pp. 6-7.
6　1918년에 출판된 『위대한 인종의 종말』(The Passing of the Great Race)에서 우생학자 매디슨 그랜트(Madison Grant)는 당시 유럽을 '노르딕계(the Nordic)', '알프스계(the Alpine)',

게다가, 앵글로 색슨 백인의 코카시언 인종의 계승을 위해서 (하층 계급이 아닌) 상류층 백인 여성의 출산만을 적극적으로 장려하는 정책을 만들고 권장하곤 했다.[7]

주지하다시피, 이 시기에 산부인과와 신경과를 포함한 소위 미국 사회의 '전문 의사들'은, 인종과 계급을 고려해서 어떤 여성이 출산해야 할지 어떤 여성이 하지 말아야 하는지를 '결정'하는 역할을 함으로써 여성의 임신과 출산에 관한 우생학적 '개입'에 상당한 역할을 한 것으로 알려진다. 이러한 우생학적 '개입'은 21세기 재생산기술 사용에도 암묵적으로 적용되고 있다. 예를 들면, 산부인과 병원에서 임신 10주에서 12주 사이의 임산부에게 권유하고 있는 '기형아 검사(NT test)' 역시 생식에 관한 우생학적 개입의 예다. 요컨대 주목할 부분은 이러한 우생학적 개입의 중심에, 전문적 지식을 가지고 있다고 '상정되는' (남성) 의사가 있었다는 점이다.

미국의 경우, 1893년에 존스 홉킨스 의과대학이 설립된 이후 남성 '전문가' 집단으로 불리는 의료 군단이 형성되었다. 8년제로 운영했던 의과대학은 주로 도시 출신 백인 남성의 무대였다. 당대에 여성의 대학 진학 자체가 어려웠던 점을 고려하면, 의대생의

그리고 '지중해계(the Mediterranean)'로 구분함으로써, 서유럽, 북유럽/ 동유럽, 남유럽 사이를 인종적으로 위계화한다. 우생학을 바탕으로 영국인, 독일인, 스칸디나비아인들은 '자유롭고, 활력적이며, 진보적'인 반면, 슬라브족, 라틴계, 아시아계 인종은 '격세 유전적이고 침체적'이라는 통념이 일반적이었다.
7 20세기 초 미국민들의 영웅이었던 시어도어 루즈벨트(Theodore Roosevelt) 대통령은 우생학을 신봉한 글을 쓰고 그에 대한 대중 연설을 하기도 했다.

대부분이 —일부 백인 상류층 여성을 제외하면— 남성이었던 것은 당연한 결과였다. 의대를 졸업한 남성 '전문가' 집단이 '과학적인' 지식을 내세우며 그 이전의 치료사 역할을 담당했던 이들을 '비과학적'이라고 비난하면서 몰아낸다. 그런데 흥미롭게도 과거의 치료사들 대부분이 마을의 여자 '산파'거나 '약초 재배자'였던 점 그리고 이들이 마을 사람들의 임신, 출산, 피임을 담당했던 점은 19세기 미국의 의료 집단 탄생을 14세기부터 17세기 사이에 유행한 유럽의 마녀 박해와 비교해 볼 수 있는 중요한 특징이라 할 수 있다.

중세 말 근대 초 유럽의 여러 곳에서 발생했던 마녀 박해 그리고 19세기 미국의 남성 의료 집단 탄생 과정에 여성 치료사들이 배제되던 (또 다른 의미의 마녀 박해) 현상에서 공통으로 발생한 여성 억압의 문제는 『마녀, 산파 그리고 간호사: 여성 치료사의 역사 *Witches, Midwives & Nurses: A History of Women Healers*』 그리고 『불만과 장애: 병약함의 성 정치*Complaints and Disorders: The Sexual Politics of Sickness*』와 같은 소책자에서 집중적으로 제시되고 있다. 이들 논의에 따르면, 13세기 유럽 대학에서 의학을 전공한 학생들과 19세기 미국에서 이제 막 설립된 의대 졸업생들은 동시대 지배계급에 속한 세력으로서 교회와 국가가 가졌던 권력을 계승한 집단이라 할 수 있다. 교회와 국가의 권력과 의료전문 집단의 지식이 결속하여 '의료 가부장(medical patriarch)'과 같은 역할을 맡음으로써 여성의 몸을 통제하려는 강력한 욕구를 표출하게 된다. 그들은 임신, 출산 그리고 불임을 다루었던 (노동자 여성) 치료사들을 마녀로 몰아 성적,

종교적, 정치적, 경제적 위협을 동시에 제거하고자 한 것이다. 즉 명목상 종교적인 마녀재판의 이면에 경제적 약탈과 정치적 억압이 동시에 작동한 것으로 볼 수 있다.

유럽과 미국의 이 두 시기를 비교해 볼 수 있는 또 다른 특징이 있다. 그것은 양쪽 모두 의대에서 전수된 지식이 전혀 과학적이거나 합리적이지 않았다는 점이다. 예컨대 여성들이 뼈와 근육, 그리고 약초를 연구하고 '경험적인' 방법으로 치료를 수행했던 반면에 13세기 남자 의사들은 대학에서 점성학과 신학을 공부했을 뿐만 아니라 경험과 관찰이 아닌 기존 논리에 근거해 치료법을 만들었다. 또한, 19세기 미국에서 의사들이 사용한 약을 "바다에 던졌을 때 인간에게는 좋은 일, 물고기에게는 해로운 일이 된다"라는 조롱 섞인 말이 나돌 정도로 그들의 치료법은 심대하게 신체에 유해했다.[8] 생식기에 염증이 있을 때 허벅지에 물집을 만들거나, 생리 불순에는 음순에 거머리를 사용하는 등 남성에게 사용하지 않는 이와 같은 치료법들은 '가부장적인 여성 혐오'에 기초한 남성 의사의 '논리'에 근거한 것이다. 그럼에도 불구하고, 14세기부터 17세기의 유럽과 19세기 미국 양쪽에서 여자 치료자의 자리는 남자 의사에게로 '폭력적인' 방식으로 이양된다. 여성은 치료라는 주체적인 자리에서 가족과 이웃을 '돌보는' 간호의 위치로 혹은 치료의 대상인 환자

---

8 Barbara Ehrenreich & Deidre English, *Witches, Midwives, and Nurses: A History of Women Healers*, The Feminist Press, 2010, p. 67.

의 자리로 밀려나게 된다. 요컨대 '(남성 과학) 의사'/'(여성 미신) 환자'라는 대립 구도와 함께, 여성은 아파 누워있는 환자라는 생각, 즉 여성은 곧 '질병'이라는 이념이 대중적으로 정착된다. 어쩌면 '사라진 유럽의 마녀는 미국의 병상에 누워있다'라는 비유가 가능할지 모른다.

2. 남성 '의료 담론'에 의한 여성의 '질병화'

19세기 말 20세기 초 미국에서 '전문가' 집단으로 등장한 남자 의사들은 '여성이 곧 질병'이라는 젠더화된 담론을 만든 당사자들이다. 이에 관해 1970년대 캐롤 스미스-로젠버그(Caroll Smith- Rosenburg)를 비롯한 페미니스트 역사학자들은 19세기의 수많은 의료 담론이 '백인 남성 의사들'의 젠더 이념에 따른 '원인이자 동시에 결과'임을 밝힌다. 소위 '여성적인/비 여성적인' 특징에 관한 그들의 가부장적인 이념이 그들의 진단과 처방에 작동한다. 대표적으로 조지 M. 비어드(George M. Beard), 에드워드 H. 클라크(Edward H. Clarke), 에드워드 H. 딕슨(Edward H. Dixon), 그리고 사일러스 위어 미첼(Silas Weir Mitchell)과 같은 당대 유명했던 신경학자와 부인과의사들의 기본 가정은 여성의 질병을 여성의 '운명'으로 받아들이는 것이었다. 즉 태어날 때부터 '결함을 지닌 성(defective sex)'으로 여성을 바라보는 것이다.9 일례로 신경학계에서 여성의 혈액은 남성의 그것보다 "더 묽고" 그렇기에 여성에게는 "신경 에너지를 저장할 능력이 없으며" 따라서 "정서적으로 불안정한 히스테리 증상"을 보인다는 것이다.[10] 그러나 정작 당대 식생활과 관련된 자료를 보면, 여성의 혈액이 더 묽은 이유는 단백질이 "여성을 성적으로 흥분시킨다는 의료적 관습" 때문이고 그래서 여성의 단백질 섭취가 절대적으로 부족했기 때문이다.[11]

여기서 여성의 질병을 진단할 때 동원된 두 가지 전제를 볼 필요가 있다. 첫째는 정신과 육체가 '하나의 닫힌 몸체(a closed body system)'로서 연결되어 있다는 것이다. 신경과 자궁이 연결되어 있고 그래서 신경 쪽의 장애는 자궁의 문제 때문에 발생하는 것이며 그 반대로 자궁의 문제는 신경 쪽 장애 때문에 발생한다는 주장이다. 둘째, 당시 물리학에서 발견된 열역학 법칙의 하나로서 '에너지 보존' 법칙에 따라 '하나의 닫힌 몸체'를 파악하는 것이다. 에너지는 그 형태가 바뀌어도 총합은 바뀌지 않는다는 에너지 보존 법칙에 따르면 '하나의 닫힌 몸체'는 어느 하나에 에너지를 집중했을 때 다른 한쪽에 문제가 생긴다는 것이다.

이와 같은 '하나의 닫힌 몸체' 이론과 '에너지 보존'의 법칙은

---

9 여성을 '결함을 지닌 성'으로 보는 여성 혐오는 교회 사제들의 사고에서 잘 드러난다. 그들이 말하길 성교를 통해 남자가 여자에게 '꼬마 인간'(little person)을 주면 여자는 자궁 속에 간직하고 있고, 사제가 세례를 해주면 비로소 영혼이 있는 온전한 인간이 탄생한다는 것이다. 불멸의 영혼을 위해서 여성은 남성, 사제를 위한 도구의 역할을 맡은 '불완전한' 성이 되는 것이다.

10 Carroll Smith-Rosenburg, "The Hysterical Woman: Sex Roles and Role Conflict in 19th-Century America", *Social Research* 39(4), 1972, p. 668.

11 Diane Price Herndl, *Invalid Women: Figuring Feminine Illness in American Fiction and Culture*, 1840-1940, U of North Carolina Press, 1993, p. 27.

여성을 '생식'의 역할 규범에 가두는 '과학적' 근거로 작용했다. 이를테면 제한된 에너지의 총합을 여타의 영역, 특히 지적 영역에 분산할 경우 여성 고유 기능이라고 여겨지는 '생식'을 하는 데 에너지 부족이 발생할 수 있다는 것이다. 일례로, 에드워드 H. 클라크는 『교육에 있어서의 성: 소녀에게 공평한 기회 Sex in Education; or, a Fair Chance for Girls』에서 인간의 육체를 통제하는 세 가지 체계 - "영양계", "신경계", "생식계" - 중에서 여성은 특히 "생식계"를 잘 보살펴야 한다고 주장한다. 그는 "근육과 두뇌가 동시에 최적으로 기능할 수 없다"라는 가정과 함께, "사춘기 여자가 월경을 제대로 관리하지 못하고 대학을 진학하면 불임이 될 수밖에 없으며", "라틴어를 공부하느라 두뇌 세포를 과도하게 쓰면 육체적 소모 때문에 아이를 낳을 수 없다"라고 주장한다.[12] 게다가 클라크에 따르면 "과도한 두뇌활동이 양성 모두를 불모 상태로 만드는 효과가 있지만, 여성에게는 그 영향이 더 강력하다." 그 이유는 "생식의 생리적 효과가 남자보다 여자들에게 훨씬 더 크기 때문이다." 이런 분위기에서 여성들이 고등교육을 받고자 하는 것은 무모한 짓이 되었고, 클라크는 동시대에 병실이 자꾸만 늘어나는 현상을 "현대교육과 노동방식이 여성에 미친 슬픈 결과"라고 진단했다. 그리고 그는 대학을 졸업하고 전문적인 직업을 가진 여성들이 치명적으로 병을

---

12 Edward H. Clarke, *Sex in Education: or, A Fair Chance for Girls*, Houghton Mifflin Company, 1884. p. 33-4, 40, 52.

앓게 되는 현상에 대해 경고를 보냈다.

의사 클라크가 제시한 구체적인 사례들을 보면, 건강하고 지적인 15세 소녀 "Miss A"는 여학교에 들어간 이후 근육경련 혹은 마비 증상을 경험했고, 성공에 대한 야망이 컸던 15세의 여배우 "Miss B"는 근육 마비와 두통, 그리고 불안 증상이 있었으며, "Miss C"는 탁월한 직무 능력을 갖춘 회계 장부 관리사였지만 빈혈과 불안 증상으로 힘들어했다. 이들 모두 대학 교육을 받았거나 야망이 있는 여성들로 범주화되었다. 의사 클라크는 "Miss A"에게 "공부는 하지 말고 긴 휴가"를 보내도록 처방하고, "Miss B"에게는 "주기적이거나 정기적인 여성 체질에 조화를 이룰 수 있도록 전문적인 작업을 조정"하도록 조언했으며, "Miss C"에게는 최대한 "남성들을 따라 하지 않도록 하고, 여성의 방식으로 일하라"라고 처방한다.[13]

당대에 여성들의 고등교육을 가장 강력하게 공격한 이들은 바로 클라크와 같은 의사들이었다. 그들은 여성의 질병에 대해 "가정을 무시하고 고등교육과 같은 '비 여성적인' 목표를 추구하기 때문이라고" 단정 짓는다.[14] '여성적/비 여성적인' 특징을 분류하고, 남성에게 위협이 될 만한 모든 특징을 '비 여성적인' 특징에 포함한다.

---

13 *Ibid*, pp. 67, 75, 77.
14 Ann Douglas Wood, "'The Fashionable Diseases': Women's Complaints and Their Treatment in Nineteenth-Century America", *Journal of Interdisciplinary History* 4(1), 1973, p. 43.

그들에게는 '성적 욕구를 표현하는 일', '어떤 일에 전문적으로 매진하는 일', '대학에서 학문을 탐구하는 일'도 비 여성적인 일에 해당한다. 19세기에 정신 병원에 부인이나 딸을 데려오는 아버지들은 "모성이 없다"거나, "이기적"이라거나, "고집이 세다"거나, "성적"이라거나 하는 비난을 하며 의사에게 그들을 치료해달라고 부탁했다. 그리고 부인이 외모에 관심이 없다고 불평한 남편, 딸의 반항적 성격을 못마땅하게 여긴 어머니, 짜증을 자주 내는 누이에 대해 불만을 가진 오빠는 의사에게 찾아와서 그 여자들의 '자궁'에 문제가 없는지를 먼저 묻는다.15 이런 사례들은 여성의 질병을 자궁의 문제로 여기는 일이 얼마나 보편적이었는지를 보여줄 뿐만 아니라, 사회에서 이상적이라고 여겨졌던 여성성 규범의 위반 여부가 그들의 도덕성뿐만 아니라 질병의 유무를 가르는 기준이 되고 있음을 보여준다. 더불어 이러한 예들은 젠더가 어떻게 일상적으로 의료과학을 구성하고 강화하는지를 증명해주고 있다.

　여성성 규범을 위반하는 행위는 여성의 질병을 유발하는 것으로 가정될 뿐만 아니라 신경증적 이상 혹은 광기로 재현되기도 했다. 동시대 평범한 여성들이 어떻게 정신과 의사들의 치료대상이 되었는지를 집중적으로 연구한 엘리자베스 런벡(Elizabeth Lunbeck)에 따르면, 20세기 초 보스턴 정신 병원에 입원한 환자 중에는 농촌

15　Nancy M. Theriot, "Women's Voices in Nineteenth-Century Medical Discourse: A Step toward Deconstructing Science", *Signs* 19(1), pp. 17-9.

에서 도시로 이주해 낮에는 공장에서 일하고 밤에는 댄스홀과 극장에서 여가를 즐기는 평범한 여성들이 많았다. 고향을 떠나 도시로 온 이들은 가족의 부양과 관심으로부터 어느 정도 자유로워질 수 있었고 그래서 자유연애도 할 수 있었다. 그러나 당시 노동계급 여성들의 삶을 관리하는 역할을 맡았던 '대중 건강관리 요원(public health officers)'과 정신과 의사들은 이 여성들을 성매매 여성들과 함께 묶어 '과잉성욕자(hypersexual)'로 '명명'하고 '싸이코패스'로 분류하곤 했다.[16] 동시대 유럽에서 무정부주의나 범죄자를 '싸이코패스'로 분류하고 치료했다면, 미국의 보스턴 병원에서는 화려한 스타킹을 구매하고 댄스홀에 다니기 좋아하는 매력적인 젊은 여성들을 '싸이코패스'로 분류한 것이다. 하지만 이 여성들은 세기 전환기 산업의 부흥 시대에 캔디 공장이나 인쇄 공장에서 일한 새로운 노동계급 여성들이었다. 이들은 여성성의 규범, 정숙함을 위반했다는 근거로 병든 '싸이코패스'로 진단받고 사회로부터 격리되었다. 마치 종교 재판으로 희생된 마녀들처럼.

요컨대 19세기 말 20세기 초 미국의 여성들은 태어날 때부터 '결함을 가진 성'으로서 '아프고 병든' 여성이라는 '운명'에 가두어졌고, 이런 운명을 넘어서려고 시도하면 상당한 대가를 치러야 했다. 당대 유명한 의사 에드워드 H. 딕슨은 『여성과 질병*Woman and*

---

16   Elizabeth Lunbeck, "'A New Generation of Women': Progressive Psychiatrists and the Hypersexual Female", *Feminist Studies* 13(3), 1987, p. 514.

Her Diseases』에서 "호화로운 삶, 도시 생활, 만족스러운 즐거움의 경험, 교육, 게으름, 독서, 유희, 아이 적게 낳기 등은 사회적 위협이 되므로 철저히 삼가야 한다"라고 권고한다.[17] 당대 의학 담론에 내재한 성 규범에 의하면 성적으로 주도적인 여성이거나, 반대로 성적으로 냉담한 (아이를 갖지 않기 위해서 때로는 아픔을 가장하는) 여성이거나, 지적인 활동을 왕성하게 하거나 혹은 하지 않거나 모두가 '건강하지 않은', '질병'의 범주에 포함된다. 여성의 욕구는 너무 지나치지도 모자라지도 않아야 한다. 여성의 성적 만족이 질병을 유발하는 원인이라고 하면서도 아이는 많이 낳아야 한다는 이런 모순은 결국 여성의 본질을 '생식'에 한정하는 '의료적 가부장'의 이념에 따라, 여성의 몸이 자의적으로 규정되며 재단되고 있음을 상징적으로 보여준다.

주지하다시피, 1970년대 페미니스트 역사학자들의 '의료 담론' 분석은 여성에 대한 '남성 의사'의 젠더화된 의료 담론을 여성의 관점에서 읽는 것의 유의미함을 시사해준다. 한 가지 덧붙여 말하자면, 이들은 남성 의사의 진단과 처방이 매우 젠더화되어 있음을 밝히면서 동시에 여성의 관점에서 '병'의 의미를 재해석하기도 한다. 예를 들면 여성들이 오히려 '병'을 통해 출산을 피하는 방식이다. 기록에 따르면 당시 출산 중 산모의 사망률이 매우 높았다. 기존 산파들을 몰아내고 그 자리에 들어선 의사들은 출산을 의학화하려

---

17 Edward H. Dixon, *Woman and Her Diseases*, A. Ranney, 1855, p. 115.

는 욕망이 있었지만, 정작 그들의 기술은 매우 "원시적이어서 여성들이 출산 중에 죽거나 그들의 자궁경부가 찢어지고 이탈하는 고통을 겪어야 했다."[18] 스미스-로젠버그에 따르면, 한 여성은 6년 동안 다섯 번의 임신 중 네 번 조산하고, 한 명의 아이를 낳았다. 임신과 출산을 반복하는 동안 그녀의 고통을 지켜본 남편은 다시는 아내의 임신을 바라지 않는다고 고백할 정도이다. 이런 시기에 여성들은 출산하지 않기 위한 방식으로서 의도적으로 '질병'을 구했다는 사실이다. 이러한 사실은 여성이 단순히 '남성 의사'의 젠더화된 진단과 처방을 수동적으로 받아들이는 것에 머물러 있던 것이라기보다는 질병을 수단으로 '임신하지 않음으로써' 오히려 '가부장적인 성역할 규범'으로부터 벗어날 가능성을 보여준 발견이기도 하다. 다시 말해 의학 담론을 둘러싼 젠더 갈등에서 여성은 단순히 '마녀화'의 희생자에 한정되지 않고, 재생산을 위협하는 아이콘으로서 마녀가 될 수 있다.

3. 우생학과 '생식 도덕'

앞서 살펴본 대로 부인과든 신경과든 여성의 질병을 다룬 의학 담론은 여성의 '생식' 규범을 주도적으로 생성하고 유포하는 역할

---

18 Carroll Smith-Rosenburg, "The Female Animal: Medical and Biological Views of Woman and Her Role in Nineteenth-Century America", *The Journal of American History*, 60(2) 1973, p. 345.

을 했다. 그런데 19세기 말 20세기 초 미국의 의사들이 주로 환자로서 돌본 이들은 노동자계급 여성이 아닌 상류층 여성들이었다. 의사에게 갈 수 있는 경제력을 갖춘 이들은 상류층 여성이므로, 의사들은 노동자계급 여성보다 상류층 여성들을 치료하고 그들을 '병리화'하는 데 더 몰두한다. 그렇다고 해서 하층계급의 여성을 질병의 틀에서 자유롭게 놓아두지는 않았다. 경제력이 없는 여성들은 당시 '대중 건강관리 요원들'에 의해 더욱 관리되고 통제되었다. 의사들의 권위적 지식을 동원한 '대중 건강관리 요원'은 '경찰'과 같은 강제력까지 행사함으로써 더더욱 수월하게 여성들을 관리할 수 있었다.

일례로, 일명 '장티푸스 메리(Typhoid Mary)'라고 불렸던 여자 요리사는 만지는 모든 것을 '오염시키는' 그래서 가족들을 '병들게 하는' 하인의 상징이 되었다. 가난한 이민 노동자 계급 여성을 관리했던 '대중 건강관리 요원'은 대중들에게 다음과 같은 경고의 메시지를 보냈다. "당신은 당신의 가정이 안전하다고 생각하지만, 어느새 보이지 않는 오염물질이 [···] 나타나 당신의 가족을 죽음과 질병으로 위협할 것이다.[19] 상류층이든 하층계급이든 여성의 몸은 한편에서는 의사들에 의해, 또 한편에서는 '대중 건강관리 요원들'에 의해 '국가적인 몸'으로 통제되어 진다. 특히 이주민 여성은 '침범' 혹은 '오염'의 근원이라는 수사와 함께 공포와 혐오의 대상으로서

---

19 Margaret Humphreys, "No Safe Place: Disease and Panic in American History", *American Literary History* 14(4), 2002, p. 852.

국가의 미래(생식)에 '위협'이 되는 그래서 더더욱 통제되어야 하는 몸이 된다.

20세기 미국에서 "우생학과 부인과(gynecology)의 동시 발생은 생식을 통제하려는 필사적인 시도"20라는 지적은 의미심장하다. 따라서 우생학과 의료 담론이 생식의 문제를 둘러싸고 여성의 몸에 어떤 영향을 미치게 되었는지의 구체적인 사례를 보고자 한다. 앞서 언급했듯, 우생학은 다윈과 비슷한 가정에서 출발했다. 대표적으로 "열등한 자들이 성적으로 더 난잡하며 다산의 경향이 있다"라는 가정이다.21 더구나 우생학자들이 이 시기 가장 큰 국가적 위협이라고 느낀 것은 소위 '정신박약(feeble-minded)'이라고 불리던 '지적 장애'의 문제다. 영어를 제대로 할 줄 모르는 이민자 여성들에게 영어로 된 지능 테스트를 하고 그 결과를 토대로 '지적 능력'을 판단하는 절차는 매우 불합리한데도 불구하고 당대의 우생학은 이와 같은 절차에 타당성을 제공해주었다.

유명한 심리학자이자 우생학자였던 헨리 고다르(Henry Goddard)는 프랑스의 비네가 개발한 지능 테스트에 큰 관심을 가졌고, 이른바 '지적 장애'의 사례들을 연구하고, '지적 장애'를 '비도덕적' 행위의 '유전성'으로 파악했다. 즉 고다르는 지적 능력 부족을 정신적

---

20 Ben Barker-Benfield, "The Spermatic Economy: A Nineteenth Century View of Sexuality", *Feminist Studies* 1(1), 1972, p. 58.
21 Wendy Klein, *Building a Better Race*, U of California Press, 2001, p. 16.

결함의 영역으로 확장하고, 정신적 결함의 영역을 모호하게 넓혀 놓았다. 그 결과 미혼모와 창녀를 '정신적 결함'의 사례로서 은밀히 확장해갔다. 1912년에 출판된 고다르의『칼리칵 가족*Kallikak Family*』은 정신 병원에 수용된 데보라(Deborah)의 3대 조상 할머니에게로 거슬러 올라간 내용을 요약한다. 고다르에 따르면, 이들 가족에는 143명의 '문제적인' 인물들이 정신박약, 알코올 중독, 창녀, 범죄자 유형에 포함된다는 것이다. 20세기 초 미국에서 과학적이고 합법적인 심리학으로 인정받은 비네의 IQ 테스트를 수단으로 해서, 지적 장애 분류가 가능해졌고, 그들의 '지적 장애'는 '정신적 장애'가 되며, '정신적 장애'는 유전적 결함에 따른 것일 뿐 아니라 '비도덕적인' 문제를 일으키는 원인으로 여겨진다. 요컨대 '지적', '정신적', '도덕적' 측면에서 유전적인 혹은 우생학적인 관점이 '가부장적인 백인 남성'의 지배 권력을 정당화해주는 셈이다.

구체적인 사례로서, 캘리포니아 소노마의 한 수용시설인 '소노마 주립병원'은 사회복지사들이 '문제의 여성들'을 '가족처럼' 보살피는 곳으로 만들어졌다. 1908년부터 1918년 사이 이곳에서 임신 가능한 나이의 지적 장애 아이들이 수용되었고, 그곳을 관리하는 이들은 "정신박약 여자는 모두 잠재적 창녀다"라는 관념 하에서 여성들을 사회로부터 격리하고, 관리했다.[22] 심지어 소노마에 있는 여성들에게 당시 매독균을 찾는 '바서만 테스트(Wassermann Test)'를

---

22 *Ibid*, p. 40.

한 결과 4퍼센트의 양성률만이 나왔는데도 불구하고, 오히려 성적, 도덕적 부패가 '지적 결함'과 같은 유전적 결함에 따른 것이라는 생각이 대중의 지지를 받게 되었다. 이때 '성적, 도덕적 부패'에는 20대 여성의 성적 자유분방함도 포함된다.

20세기 초 미국의 우생학자들은 사회의 잠재적 위험을 막겠다는 신념으로 소노마 주립병원과 같은 수용시설에 여자들을 격리하는 방식 이외에도, '불임(sterilization)'술을 도입하여 출산을 통제하려 했다. "불임술이 미국민의 사회적 안전과 건강하고 안정적인 미래 시민을 보장할 수 있다고 주장하는 것"이 그들이 말하는 '생식 도덕'이 된다.[23] 지적 장애가 있는 여성은 좋은 어머니가 될 수 없기에 그들의 성은 '불임'을 통해 국가적으로 조절되어야 하는 것이 된다. 모성은 개인의 선택이 아니라 정치적 행위로 요구된다. 이와 같은 '생식 도덕'의 배후에는 지적 능력의 결핍, 성적인 자유분방함, 도덕적 타락 사이의 '자의적인' 결합이 자리 잡고 있다.

4. 그렇다면 현재는...

2018년 보스턴 리뷰의 포럼을 계기로 발표된 『재생산에 관하여: 낳는 문제와 페미니즘』에는 엠리 외 8인의 다방면 인사들이 '생식' 혹은 '재생산'의 문제를 다룬다. 엠리는 생물학적 아이를 원

---

23 *Ibid*, p. 98.

하는 다양한 여성들, 비혼 여성, 레즈비언 커플, 트랜스젠더 여성의 사례를 보여주고, 혁신적인 재생산 기술을 이용한 출산에 대해 페미니즘이 열린 자세로 접근하기를 바란다. 엠리가 가져온 사례 중, 첫 번째는 복지가 좋은 회사에 다니는 비혼 여성이 미래의 아이를 위해 난자 동결 기술을 사용하는 예다. 두 번째는 난임의 문제를 갖고 있는 레즈비언 커플이며, 세 번째는 시스젠더처럼 아이를 낳기 위해 에스트로겐 복용량을 줄이는 트랜스젠더 여성의 예다. 이들은 '보조 재생산 기술'을 활용하여 힘든 임신의 과정을 거쳐서라도 아이를 낳으려는 사례들이다. 엠리의 발제에 덧붙여, 8인의 논객들은 현대의 '재생산' 기술이 백인 위주의 정책과 신자유주의적인 정책의 그늘에서 여전히 '흑인 여성'이나 '퀴어 여성' 그리고 '장애 여성'에게 얼마나 불균형적인 영향을 미치는지를 주장한다. 예를 들면 19세기 의학 담론에서 보여준 생각, '흑인은 생식력이 매우 높다'라는 통념이 현재에도 영향을 미쳐 흑인 여성의 재생산에 소외와 불균형을 낳는 문제이다. 또한, 가난한 여성은 난자 동결과 대리모 산업에서 더 많이 착취되며, 재생산 기술의 발전에도 불구하고 장애가 있는 이들의 출산은 오히려 더더욱 불리해진다. 이들의 관점에서 보면, 재생산 기술을 둘러싼 출산의 문제는 여전히 여성 혐오, 페미니스트 혐오, 퀴어 혐오, 유색인 혐오, 장애 혐오의 문제와 함께 고려되어야 한다는 것이다. 다시 말해 한 세기 이전의 '생식 도덕'은 여전히 현재에도 '복잡하게' 작동된다.

머브 엠리 외,『재생산에 관하여: 낳는 문제와 페미니즘』, 박우정 옮김, 마티, 2019.

실비아 페데리치,『혁명의 영점』, 황성원 옮김. 갈무리, 2013.

────────,『캘리번과 마녀』, 황성원·김민철 옮김, 갈무리, 2011.

Ann Douglas Wood, "'The Fashionable Diseases': Women's Complaints and Their Treatment in Nineteenth-Century America", *Journal of Interdisciplinary History* 4(1), 1973, 25-52.

Barbara Ehrenreich, & Deidre English, *Complaints and Disorders: The Sexual Politics of Sickness*, The Feminist Press, 2011.

────────────────────, *Witches, Midwives, and Nurses: A History of Women Healers*, The Feminist Press, 2010.

Ben Barker-Benfield, "The Spermatic Economy: A Nineteenth Century View of Sexuality", *Feminist Studies* 1(1), 1972, 45-74.

Carroll Smith-Rosenburg, "The Female Animal: Medical and Biological Views of Woman and Her Role in Nineteenth-Century America", *The Journal of American History* 60(2), 1973, 332-356.

────────────, "The Hysterical Woman: Sex Roles and Role Conflict in 19th-Century America", *Social Research* 39(4), 1972, 652-78.

Chloe S. Burke, & Christopher J. Castaneda, "The Public and Private History of Eugenics: An Introduction", *The Public Historian* 29(3), 2007, 5-17.

Diane Pice Herndl, *Invalid Women: Figuring Feminine Illness in American Fiction and Culture, 1840-1940*, U of North Carolina Press, 1993.

Edward H. Clarke, *Sex in Education: or, A Fair Chance for Girls*, Houghton Mifflin Company, 1884.

Edward H. Dixon, *Woman and Her Diseases*, A. Ranney, 1855.

Elizabeth Lunbeck, "'A New Generation of Women': Progressive Psychiatrists and the Hypersexual Female", *Feminist Studies* 13(3), 1987, 513-43.

Madison Grant, *The Passing of the Great Race*, 1918, Arno, 1970.

Margaret Humphreys, "No Safe Place: Disease and Panic in American History", *American Literary History* 14(4), 2002, 845-57.

Nancy M. Theriot, "Women's Voices in Nineteenth-Century Medical Discourse: A Step toward Deconstructing Science", *Signs* 19(1), 1-31.

Wendy Klein, *Building a Better Race*, University of California Press, 2001.

그 많던 히스테리들은 모두 어디로 갔을까?

김남이

우리시대의 미니

매혹적인 두려움은 어떻게 세상을 바꾸는가

거짓말 하는 여자들, 가장에 능한 여자들, 가짜 눈물로 잘못을 고백하는 여자들, 남자를 꾀어내는 유혹자들, 문란한 성과 타락의 징표. 고대부터 현대에 이르는 "여자질병"의 증상이란 이런 것들이다. 히스테리라 불리기도 하고 마녀라고 불리기도 했던 성적 존재들. 반사회적인 동시에 사회통합에 기여하기도 했던 아이러니한 존재들. 정의롭고 선한 자를 그렇지 않은 존재자들과 구분하게 해주는 사회 내부에 필연적인 외부자들. 자신의 자리를 찾지 못하고 여기저기 헤매는 방랑자들. 그런 존재자들은 무엇보다도 성적 존재자였고, 여성이었다. 그런데 문득 그런 생각이 든다. 그 많은 미친 여자들은 모두 어디 갔을까? 이 질문에서 시작한 이 글은 마녀와 히스테리가 갑자기 나타났다가 갑자기 사라진 역사를 추적하고, 우리 시대 마녀-히스테리들은 누구일지 궁리해보고자 한다.

1. 마녀들이 사라졌다

프로이트가 동료 플리스와 주고받은 편지에서 다음과 같이 말한다. "중세 종교재판소가 주장하는 신들림에 대한 이론이 이물과 의식의 분열에 대한 우리의 [히스테리] 이론과 동일하다고 내가 항상 말한 바를 기억하지?"[1] 마녀들을 심문하고 고문했던 중세 종교재판의 기록을 통해 프로이트가 히스테리 발견과 치료에 많은 영감을 얻었음을 추측하게 하는 대목이다.

　마녀들은 중세에서 근세로 넘어가는 정치적, 사회적 혼란 속에서 종교재판의 빈번하고 스펙터클한 피고인이었다. 마녀사냥은 사실 중세보다도 16세기 후반부터 17세기 초반에 절정에 달했는데, 주로 죄목은 성도착, 영아살해와 마법술의 소지와 실행이었다. 프로이트가 영감을 얻었던 마녀 심문과 사냥의 교본 『마녀를 심판하는 망치』는 여성이 마법에 어째서 더 이끌리는지에 대해 많은 '근거'를 들이민다. "여자들이 비난받는 이유는 주로 육체적 쾌락에 대한 탐욕스러운 욕망 때문이다."2 "여자들은 불완전한 영혼과 육체를 지닌 존재들이다. 따라서 여자들이 추잡하고 음란한 짓을 더 많이 저지르게 되는 것은 전혀 놀라운 일이 아니다."3 "대체로 여자들이 남자들보다 더 많은 육체적 쾌락을 갈망하는데 이것은 여자들이 탐닉하는 추악한 성행위를 통해서도 잘 알 수 있다."4 이브가 뱀의 유혹에 넘어갔듯이 여자들은 태생적으로 악마의 유혹에 약하다. 악마에게 몸을 내주고, 악마와 쾌락을 거래한다. 삼손의 비밀을 캐내려고 갖은 유혹과 거짓을 말하는 데릴라에게서 볼 수 있듯이

1　지그문트 프로이트, 『정신분석의 탄생』, 열린책들, 125쪽. 필자가 번역수정.
2　야콥 슈프랭거, 하인리히 크라머, 『마녀를 심판하는 망치』, 이재필 옮김, 우물이있는집, 2016, 101쪽.
3　위의 책, 102쪽.
4　위의 책, 102~103쪽.

여자들은 남자들을 현혹하기 위해 온갖 수단을 동원하는 데 여념이 없다. 그리고 유혹에 실패하면 복수의 화신이 된다. "사실상 거의 모든 왕국들이 여자들로 인해 멸망했다.[...] 헬렌의 납치로 인해 트로이가 멸망했고 사악한 왕비 이세벨과 그 딸 아달랴로 인해 유다 왕국이 시련을 겪었다.[...] 로마제국은 이집트의 사악한 여왕 클레오파트라로 인해 고통과 불행을 겪었다. 그러므로 오늘날의 세계가 여자들의 악의로 인해 고통받는 것은 전혀 놀라운 일이 아니다."5 결국 당시의 재판관과 사상가들의 결론에 의하면 여자들은 그 천성 때문에 마녀와 구분되기 힘드니, 유념하여 그들을 잘 통제하지 않으면 여자가 마녀되는 것은 손바닥 뒤집듯 일어나는 일이다. 종교재판관이 잡아들이는 이들이 마녀인지 아닌지는 어쩌면 증명할 필요가 없었을지도 모른다. 통제되지 않는 여자들, 피임과 낙태를 도우며 여자들을 편드는 여자들(산파들), 남자들이 모르는 자연에 관한 지식을 가진 여자들(약초 치유자들), 권력에 반항하는 여자들은 악하지 않을 이유가 없고, 그래서 악하다는 것은 '저절로 증명'된다.

　　그러나 모든 여성이 '잠재적 마녀/유혹자/타락자'라고 보는 장구한 여성혐오의 역사를 참조하더라도, 왜 하필 그 시기에 마녀사냥이 횡행했는지는 여전히 불분명하다. 다른 모든 역사들 중에서도 마녀와 여성에 관한 역사는 학문의 영역에서 연구주제가 되지 못했

5　위의 책, 107쪽.

던 점이 그 이유가 될 것이다. 최근의 여성주의자들이 지워진 과거를 재발견하면서 마녀와 여성의 계보가 서서히 모습을 보이고 있지만 그 마저도 사료의 부족 때문에, 마녀사냥의 기원과 마녀를 둘러싼 당시의 사회 풍경에 대한 분석은 약간의 사변이 함께 필요한 영역이다.

그러나 이런 분석과 사변의 영역이 열어젖힌 마녀의 세계는 한편으로는 매우 독특하면서도 동시에 너무나 익숙한 풍경들이다. 현실이 아닌 환상의 세계를 다루는 마녀들의 이야기는 자체로 매혹적이지만, 그렇기 때문에 공포를 자아내고 엄청난 감정적 반응을 일으킨다. 여성에 대한 양면적 감정, 즉 경외로 인한 숭배와 공포로 인한 분노가 여성혐오의 구조라는 것, 그리고 그것이 성적 타자에 대한 의미화체계라는 것이 여기서도 분명히 드러난다.

왜 하필 그 당시 마녀사냥이 횡행했는지에 대해 몇 가지 참고할 만한 분석들이 있다. 『캘리번과 마녀』에서 실비아 페데리치는 근세 초 마녀사냥과 여성의 재생산노동의 착취를 자본주의 시초축적으로 분석하며, 기존의 맑스주의가 주장한 '자본주의로의 이행과정'에 전면적 수정을 요구한다. 그녀에 의하면 공유지를 없애고 공장 노동자들이 생기면서 최초의 자본축적이 이루어졌다고 분석하는 맑스에게 누락된 것은 가사노동과 재생산 노동이라는 부불노동이었다. 이 부불노동이 시초축적을 가능하게 했고, 프롤레타리아 계급부상에 영향을 미쳤다는 것이다. 가부장제는 인류의 기원부터 지배적이었던 것이 아니라, 혹독한 성별노동분업이 이루어진 자본

주의 초기에 그 양상이 훨씬 강화되고 구체화된 것이다.[6]

이런 설명에 기시감이 드는 것은 우연이 아니다. 2차 대전 중 해체되었던 성별분업을 다시 '바로잡기' 위해 이상적 가정주부의 상을 구축하고 보다 강한 성별체계를 구축하기 위해 사회 전체가 온 힘을 기울인 것을 기억해보자. 최근의 이주노동자들에 대한 범 죄화와 빈민화는 빈민 여성들의 재생산과정을 초토화시키고, 여성 을 남성 프롤레타리아보다 값싼 노동력으로 착취하며, 여성의 신체를 더욱 통제하려는 국가적 차원의 공격과 짝패라는 사실도 떠오른다.

이와 같이 서로 다른 종으로서의 성별 체계는 사회질서 유지의 도구였을 뿐만 아니라 지배계급강화의 버팀목이 된다. 다른 인간 종으로 규정되는 자들, 즉 광인, 유랑자, 빈민 중 규모 면에서 가장 절대적 다수인 여자들은 사회를 위협하는 존재 중 강력한 집단으로, 그리고 바로 그런 이유로 가장 통제가 되어야 하는 집단으로 존재해온 것이다. 그렇게 건설된 성별 체계는 서로 다른 성의 공존 이 아니라, 하나의 성의 멸절을 위한 것인 셈이 된다. 그렇게 마녀들 은 사라졌다.

---

6 페데리치는 이러한 설명을 마리아로사 달라 코스타의 논의에서 빌려온다. "여성 "억압"과 남성에 대한 종속을 봉건적 관계의 잔재로 보는 맑스주의 정설에 맞서, 달라 코스타는 여성이 자본주의에서 가장 중요한 상품인 "노동력"의 생산자이자 재생산자였던 만큼 여성 착취는 자본주의 축적의 과정에서 중심적인 역할을 해왔다고 주장했다.[...] 임금노동자의 착취, 즉 "임금노예제"는 여서의 가정 내 무임노동이라는 기둥 위에 세워졌고, 이 무임노동이 임금노예제의 생산성의 비결이다." 실비아 페데리치, 『캘리번과 마녀』, 황성원 · 김민철 옮김, 갈무리, 2011, 21쪽.

유사하게 크리스티나 폰 브라운은 『히스테리: 논리, 리비도, 거짓말』에서 여성의 능력이 남성에 의해 탈취되고, 성적 존재로서의 타자-여성이 더 이상 쓸모없게 되었을 때 마녀사냥은 종식되고 마녀들이 사라졌다고 주장한다. 기독교적 세계관에서 악마에 신들린 여자들을 치료하는 방법은 '추방'이었다. 추방은 두 가지 방식으로 이루어진다. 첫째, 마녀의 신체 안에 기거하는 악귀와 이물을 쫓기 위해 마녀의 신체를 고문한다. 잠재한 악귀를 불러내어 자백을 받아낸다. 그것은 마녀를 찌르고 숨통을 조이며 이루어진다. 실토한 악마는 비로소 마녀의 몸에서 추방되고 몸은 정화된다. 둘째, 마녀 속의 악마 추방에 실패하면, 그냥 산채로 악마가 깃든 마녀를 화형대에 세우는 방식이 있다. 어떤 방식이든 간에 마녀 속의 이물을 내몰고 더 이상 악마의 유혹에 쉽게 빠지는 성충동을 제거하기 위해 신체를 단속한다. 여기서 나타나는 것은 여성의 섹슈얼리티와 여성 신체에 대한 국가 차원의 대대적인 단죄의 기원이다.

　그러나 마녀가 사라진 것은 이런 단죄가 말끔히 행사되었기 때문이 아니다. 폰 브라운에 의하면 마녀가 사라진 것은 더 이상 마녀들이 남성들을 위협할 만큼의 능력을 갖고 있다고 상상되지 않기 시작하는 시기와 맞아떨어진다. 자본주의가 시작되기 전 마녀들은 종종 자연에 관한 지식과 치료자 역할을 해왔다. 마녀들 중 자주 있었던 산파들은 출산, 낙태, 피임의 지혜로 여성들을 도왔었다. 분과학문으로서의 과학의 탄생 이전 식물과 자연의 주기 및 법칙을 이해한 많은 여성 치료사들이 있었다. 바로 그런 여성들의 능력은 남성들이 갖지 못한 '여성적 지식'이었다. 그러나 막 자본주의 및 기계론적 신체론을 통한 해부학과 의학의 태동과 동시에 여성적 지식은 사술(邪術)과 마법이 되고 영아살해가 되었으며 통제되지 않으면 위협이 될 것으로 상상되었다. 기계론적 신체관에 근거한 노동자동기계로서의 프롤레타리아 신체가 필요했던 중상계급 부르주아에게 정신과 몸이 분리되지 않고 노동의 기계적 시간에 통합되지 않는 신체들의 유랑과 이동은 처단되어야 했다. 마녀가 빗자루를 타고 여기저기를 날아다니며 야연(Sabbat)을 벌인다는 이야기는 고정되고 통제되지 않는, 방랑하는 신체(그 기원은 자궁의 유랑인 히스테리에서 시작한다)의 은유였다. 폰 브라운은 이와 같이 만연한 마녀박해가 갑자기 멈춘 시기를 다음과 같이 묘사한다. "밤에 빗자루를 타고 문란한 행동을 했다는 이유로 수천 명이 처형되는 동안 레오나르도 다 빈치는 아무런 방해도 받지 않고 그의 첫 번째 비행을 제작하기 시작했다.[...] 기술자의 숙련된 솜씨가 마녀들의 마술능력을 따라잡았다. 바로 이 시기에 히스테리[와 마녀]의 치료법은 "부드러워"지기 시작했고 마지막 화형대의 불이 꺼지게 되었다. 어떤 이유에서일까? "날개 달기"의 수단으로서 마녀는 필요없게 되었다. 마녀는 이제 처형대에 묶일 필요가 없었다. 자연은 그 비밀을 폭로했다."[7]

　　마녀들은 자본주의로의 이행에 있어 적대해야할 반체제적 집

7　크리스티나 폰 브라운, 『히스테리』, 여이연, 2003, 46~47쪽.

단인 동시에, 그렇게 적대화 됨으로써 아이러니하게도 체제를 수호하게 된 집단이다. 마녀들은 산채로 화형을 당했을 뿐만 아니라, 역사 속에서 전소(全燒)되어 갑자기 사라짐으로써, 질서는 회복되고 불안은 잠잠해졌다.

그렇게 마녀들은 사라졌다.

2. 마녀의 딸, 히스테리

카트린 클레망은 마녀와 히스테리가 놀랍도록 닮아 있음을 주장한다. 그녀가 보기에 19세기 갑자기 나타난 히스테리 신경증자들은 비정상적이며 '여성질병'을 앓고 있던 과거의 마녀의 딸들이었다. 마녀와 히스테리의 상동성은 프로이트가 이미 수차례 내보였지만 클레망의 분석과는 다른 견지에서 그러하다. 프로이트가 행한 것은 마녀와 히스테리의 병적 특질들의 공통적 속성에 대한 연구였다면, 클레망의 분석은 이 여성들에 대한 사회의 반응과 처리의 상동성에 관한 것이었다. 마녀가 사라진 장소에 히스테리는 어떻게 태어난 것일까?

물론 히스테리라는 어원과 그것이 "여자질병"이라는 생각 자체는 고대에서부터 나타난다. 자궁이라는 어원을 가진 히스테리는 신체 안의 독립적인 동물처럼 생각되었고, 그 동물이 무언가에 불만족스러울 때 여성 신체 곳곳을 돌아다니며 질병을 일으킨다는 것이 히스테리에 대한 생각이었다. 여성의 자궁은 신체 내 '이물'로서 밖으로 배출하지 못한다면 살살 달래어 제자리에 진정시키는 것이 치료방법이었다. 그러나 이런 "여자질병"이 어떤 계기로 현대에 와서 창궐하게 된 것일까?

현대의 히스테리를 재발명한 사람은 프랑스 신경병리학자 장 마르탱 샤르코였다. 쇼월터와 마사 에반스에 따르면, 그는 히스테리/마녀가 악마에게 사로잡혔다거나 성스러운 엑스타시의 지경에 이르는 등의 종교적 해석으로부터 히스테리를 구해내어, 그것이 신체의 문제, 신경학의 문제라고 반박했다.[8] 그러나 아이러니하게도 샤르코가 히스테리 환자들을 검진하고 치료하는 방법은 마녀사냥에서 사용된 것과 유사했다. 환자의 민감한 신체부위를 찌르고 히스테리적 "스티그마타"를 찾는 등의 '기술'을 쓴 것이다.[9] 또한 히스테리에 대한 그의 기록과 묘사는 이전의 마녀에 대한 종교적 상상의 영향을 많이 받은 것으로 발견된다.[10] 이제 종교가 마녀를 대하던 '추방' 대신, 의학이 환자를 대하던 '치료'의 방식으로 바뀌기 시작했다. 그리고 히스테리 환자들은 갑자기 샤르코의 살페트리에르 병원으로 몰려들기 시작했다. 히스테리 창궐이다.

쇼월터에 따르면 히스테리 창궐에는 세 가지 요소가 필요하다. 즉 의사-광팬이나 이론가, 불행한 환자, [불안한] 문화적 배경이

8 Elaine Showalter, *Hystories: Hysterical Epidemics and Modern Culture*, Colombia Univ. Press: New York, 1997, p. 32.
9 *Ibid.*, p. 32.
10 *Ibid.*, p. 32.

그것이다.[11] "어떤 의사나 권위있는 인물이 우선 그 장애를 정의하고, 이름붙이고, 공표한다. 그리고 환자들을 자신에게로 끌어들인다.[...] 의학적 존재가 히스테리를 가시화시킨다."[12] 동시에 히스테리 환자들의 도움이 없었다면 이런 의학적 이론화는 불가능하다. 사실상 많은 정신의학자들은 히스테리가 대표적인 의원성(iatrogenic) 질병이라고 결론을 내리고 있다. 즉 병증 자체의 발생 원인이 환자가 아니라 의사에게 있다는 것이다. 말하자면, 분명하지 않은 증상으로 고통받는 환자들이 있는데, "그들이 어떤 원형[적인 증상]에서 자신의 문제를 발견하게 되고, 그 장애의 법칙들이 자기들의 삶을 설명해줄 것이라 믿게 되고, 그리고 치료사의 도움을 구하게 된다."[13] 의사와 환자의 공모이다. 의사는 자신의 이론을 뒷받침해줄 환자가 필요했고, 환자는 자신을 대변할 의사가 필요했다.[14] 여기에 덧붙여, 사회적 배경 또한 중요하다. 세기말 혼란기에 많은 사회적 변혁

---

11 *Ibid.*, p. 17.
12 *Ibid.*, p. 17.
13 *Ibid.*, p. 19. 우리는 이런 예를 일상에서도 경험한다. 혈액형 성격분석, 별자리 운세 등. 최근 가장 각광받는 것은 MBTI 성격유형검사도구이다. 이것이 가장 끔찍한 이유는 MBTI가 전문적 진단 모델로 사회에서 사용되고 받아들여진다는 점이다. 혈액형이나 별자리는 분석되는 이가 믿거나 믿지 않는 것이 문제가 되지 않는다. 그러나 만일 MBTI와 같은 전문적 진단모델을 분석되는 이가 부인하면, 비판받는 것은 그 진단모델이 아니라 분석되는 이가 되어버리는 역설을 낳는다. 심지어 이 진단모델이 취업, 결혼, 사회적 분석에 종종 쓰이고 있다는 점이 문제적이다. MBTI의 기원이 정신분석적 신비주의자인 융의 성격분석이라는 사실이 더욱 더 절망적이다. 융과 달리 프로이트가 중요하게 시사하는 점은, 그가 히스테리 진단에 대한 자신의 실패를 인정하고 자신의 이론을 그에 따라 끊임없이 수정했다는 점일 것이다. 결국 진단이라는 상징적 질서를 변화시킨 것은 히스테리들의 거부 반응이었다.
14 *Ibid.*, p. 19.

들을 가장 예민하게 감지하는 이들이 마녀(세일럼 마녀사냥: 1690
년)와 그의 딸 히스테리(프로이트의 『히스테리 연구』 출간: 1895
년)라고 할 수 있다.[15]

물론 히스테리의 진실한 공모자는 프로이트였다. 신체의 문제
가 마음의 고통으로 나타난다는 샤르코와 반대로, 프로이트는 마음
과 기억의 상처가 신체 증상으로 표출된다는 주장을 하면서 히스테
리를 심인성으로 만든다. 이제 히스테리는 신체-자궁에서 정신-심
리의 문제로 올라간 것이다. 머리로 올라간 사태가 바로 히스테리
창궐의 견인이었다. 폰 브라운에 따르면, 히스테리가 현대에 전염
병처럼 발생한 배경으로 히스테리의 위(정신)로의 이동을 들 수
있다. 르네상스 이후 많은 '의학전문가'와 '사상가'들은 여성의 '정
신'을 고귀한 인간(남성)의 정신에 못미치는 의지박약이나 허영,
게으름으로 폄하함으로써 르네상스 이후 모든 공적 영역에서 여성
들을 배제해야 하는 근거와 이론들을 마련했다.[16] 그리고 그 이론의
정점에 샤르코와 프로이트의 히스테리 창궐이 있는 것이다.

클레망은 마녀와 히스테리의 공통점과 연속성을 이 문제적이
고 박약한 정신의 소유자인 여자들에 대한 사회의 반응에서 찾는
다. "그들은 여러 상징체계 사이에 존재하는 틈새를 메우며 현재로
서는 불가능한 것들을 상상적으로 체현한다."[17] 가령 마녀는 기독

---

15 *Ibid.*
16 크리스티나 폰 브라운(2003), 앞의 책, 52~53쪽.
17 카트린 클레망, 『죄진 여성, 새로 태어난 여성』, 이봉지 옮김, 나남, 2008, 27쪽.

교 세계관에서는 상상 불가능한 낙태, 피임에 고통받는 여성들을 돕고, 기독교는 그녀들을 영아 살해자로 상상한다. 고문으로 실토할 수밖에 없는 배교의 고백을, 악마에게 쉽게 유혹당하는 유약한 정신을 가진 자로 상상한다. 히스테리 환자는 (남자) 분석가가 상상할 수 없는 섹슈얼리티를 신체증상으로 드러내고, 분석가는 그런 신체증상을 양성성이나 자아분열, 자아박약으로 해석한다. 또한 마녀와 히스테리는 스스로 무대이자 공연자로 자신의 신체를 스펙터클로 만든다. 이 스펙터클은 관객들을 매혹하여 공포와 연민, 욕지기와 굴욕을 불러일으킨다. 희비극의 형식으로.

> 스펙터클로서의 마법 및 히스테리에는 필수적으로 관객이 필요하다. 자신의 야릇한 욕망을 채울 준비가 되어 있는 이 관객들, 그것은 대체로 남성들이다. 종교재판관, 판사, 의사, 히스테리 환자들을 둘러싸고 있는 일단의 의사들. 그들은 뻣뻣하게 몸이 굳은 채, 신들린 여성의 뻣뻣하게 굳은 몸을 흘린 눈으로 보고 있다.[18]

샤르코에게 히스테리는 무엇보다도 몸의 문제였다. 몸의 질병이 마음의 고통을 야기한다고 생각한 그는 환자의 심리상태보다는 신체 자체에 관심이 많았다. 매주 화요일과 금요일 오전, 히스테리 환자의 증상과 치료가 '상연'되는 그의 강의실에서 환자들은 악마

---

18 위의 책, 30쪽.

에게 붙들린 마녀 퇴치의 드라마틱한 '서사'를 반복한다.[19] 샤르코
의 지휘 아래 히스테리 환자들은 최면에 들고, 뒤틀린 몸의 발작을
선보이고, 소리를 지르고, 성적이고 외설적인 말들을 뱉는다.

　　살페트리에르에서 최고의 히스테리 환자는 단연 아우구스티네
(Augustine)였다. 그녀는 강연에 구경 온 많은 (남성) 지식인과 일반
인의 마음을 사로잡았다. 뒤틀린 얼굴, 뒤틀린 몸, 샤르코가 진단한
바대로 '정확하게' 보여주는 진정한 히스테리 환자. 수려한 용모의

그림 1. 〈활모양 발작〉 The circular arc "arc de cercle", Paul Richer, Études cliniques sur l'hystéro-épilepsie ou grand hystérie, 1885.

19　샤르코와 그의 사진사 롱드에 따르면 히스테리 발작은 4단계에 걸쳐 일어난다.
　-1단계: 전조 단계. 히스테리 발작 시작 전, 환자는 고통을 호소. 고전적인 히스테리 증상인
　globus hystericus(가슴에 공 같은 것이 올라와서 막힌 것 같은 느낌).
　-2단계: 광대 단계. 근육경련과 발작 시작. 근육경직. 곧 큰 몸동작으로 이어진다. Grand
　Attack. 아크로바틱과 같은 백밴딩, 활모양의 자세. 광대시기라고도 한다. 활모양 발작은
　오늘도 히스테리 창궐에 대한 향수의 상징이다. (루이스 부르주아의 〈히스테리의 아치
　(1993)〉). 고난도의 요가동작이기도 하다.
　-3단계: 색정적 태도(*attitudes passionnelles*) 단계. 연극적인 포즈를 취하며 욕정을 애원하고
　탐하는 듯 보인다. 쾌락, 분노, 혐오의 감정을 나타내며 황홀경과 에로티시즘의 정점에 달한다.
　조롱과 욕을 내뱉고 몸이 무감각 상태에 빠진다.
　-4단계: 진정 단계.
　이런 히스테리 발작에 대한 기록은 기초적인 서사인 기승전결과 다르지 않다.

그림 2.〈색정적 단계〉Planche XXIII of Attitudes passionnelles, Paul Régnard, photograph of Augustine, Iconographie, vol II. 1875-1879.

그녀는 5년의 세월을 살페트리에르에서 보내면서 많은 전문가 관객과 일반인 관객의 '핀업걸'이 되었다. 그녀의 히스테리 발작 사진은 잘 팔렸으며, 결국 그 병원의 퀸으로 등극한다. 당시 샤르코는 병원에 사진 스튜디오를 따로 설비했을 정도로 히스테리 사진을 많이 남겼다. 히스테리의 발작을 포착한 것을 아카이빙하고 출판하고, 자신의 이론적 근거로 삼았다. 그러나 그 당시 사진 기술을 고려하면, 히스테리 경련과 활 모양 발작을 촬영하기란 여간 힘든 일이 아니었다. 동작들이 순식간에 지나가는 것은 둘째 치고, 습판 기술을 사용한 당시의 사진기로는 그 동작을 포착했을 리가 만무하다.

이 사진기술은 촬영준비, 사용, 노출, 현상 모두 시간이 꽤 걸린다. 그러면 샤르코는 어떻게 이런 사진 기술로 아우구스티네를 촬영했을까? 디디-위베르만은 오히려 질문을 바꾼다. 이 느린 사진기 앞에서 촬영을 위해 포즈를 취하며 대기하고 있는 이는 누구인가?[20] 그녀는 누구를 유혹하고 있는가?

히스테리 환자는 연극성이 그 증상이다. 그녀는 일그러진 표정(quasi-face), 뒤틀린 몸(quasi-body), 꾸며낸 이야기(quasi-story)로 자신을 표현한다. 디디-위베르만이 이야기하듯, "아우구스티네는 우리에게 언제나 거짓(quasi)으로 남겨질 것이다."[21]

샤르코가 죽자 갑자기 히스테리들의 스펙터클도 사라진다. 히스테리들은 자신을 설명해줄 이론가를 잃었고, 곧 큰 동작(Grand Attack)들로 이루어진 히스테리 발작도 함께 사라졌다. 이에 대해 폰 브라운은 샤르코와 더불어 스펙터클한 히스테리 발작의 사라짐을 아래와 같이 설명한다.

1900년경 최초의 엔진 비행기가 출발하고 비행이 소위 일상이 되기 시작했을 때, 히스테리는 그때까지의 고질적인 모든 징후들에서 벗어났다. 히스테리는 치료를 요하기는 하지만 '악의 힘'이 작용하지는 않는 병이 되었다. 심지어는 히스테리에는 사치와 미학의—멋진 과잉의—분위기까지 감돌

---

20 Georges Didi-Huberman, *Invention of hysteria: Charcot and the photographic iconography of the Salpétrière*, trans. Alisa Hartz, 2003, p. 88.
21 *Ibid.*, p. 87.

기 시작했다. 곧이어 히스테리의 망령이 사라졌다. 심각한 히스테리성 발작들이 감소했던 것이다.[22]

클레망은 다른 측면에서 히스테리의 사라짐을 설명한다.

"무당의 곡예, 마녀의 비상, 광대, 그리고 히스테리 환자의 경련 및 활처럼 팽팽하게 긴장된 육체, 마법, 스펙터클 그리고 질병. [...]이런 식으로 백일 몽 속에서 이미지를 쫓아나가면 서커스, 그것의 신비주의적 신화, 즉 십자 가에 못 박힌 광대, 비극적 무언극이 있고, 그리고 그 너머에 영화가 있다. [...] [영화는] 어릿광대, 멜리에스, 장터의 묘기군들의 유희적 행위의 맥을 잇는다. [...] 표정이 풍부한, 표현주의적 여배우의 이미지[...] 입을 크게 벌린 그녀들, 발음되어지지 않는 그녀들의 절규는 현란한 자막에서 재현 된다. [...] 서커스, 영화와 함께 히스테리의 제도화가 시행된다. 스펙터클 은 돈으로 사고파는 것이 되었다. 질병은 사라졌다."[23]

히스테리의 스펙터클적 효과가 수명을 다 할 때쯤 샤르코의 히스테리들은 사라졌고, "마녀와 히스테리 환자의 역사는 스펙터 클의 역사에 합일된다." 즉 영화가 새 시대의 새로운 스펙터클이 되고, 보드빌 공연들, 아크로바틱, 마술사, 동물조련사, 환영주의적 스토리들이 영화적 대상이 되면서 히스테리의 스펙터클을 대신하 게 되는 것이다.

---

22 크리스티나 폰 브라운(2003), 앞의 책, 47쪽.
23 카트린 클레망(2008), 앞의 책, 33-34쪽.

3. 그 많은 히스테리들은 모두 어디로 갔을까?

샤르코의 히스테리는 사라졌고, 히스테리의 큰 발작이라는 스펙터클도 사라졌지만, 히스테리는 이제 온전히 '정신화'되어 프로이트의 뮤즈가 되었다. 고대부터 뮤즈는 시인에게 영감과 계시를 주는 존재, 신적인 것과 세속적인 것의 매개체였다. 영감의 원천이기는 하지만, 그 자체의 존재는 시인과 시인의 작품에 가려 비가시적인 유령같은 존재였다. 샤르코와 함께 히스테리의 큰 발작은 사라졌지만, 히스테리들은 큰 동작 대신 잦은 기침, 마비 증상, 실어증과 같은 작은 발작(petit attack) 등의 증상으로 자신의 고통을 표현했다.

프로이트는 샤르코의 무대와 히스테리의 스펙터클을 의학적 연구로서 신뢰하지는 않았지만, 히스테리라는 질병의 존재를 부인하지 않았다. 그의 '치료' 열망은 계속되었고 히스테리들은 프로이트에게 지속적으로 출몰하는 유령들이었다. 푸코가 지적하듯, 히스테리는 '위'로 올라가는 자신의 여정의 정점을 프로이트와 함께 찍었다. 프로이트에 의해 히스테리는 완전히 정신화된 것이다. 히스테리는 그 모든 프로이트의 욕망을 알아채기라도 한 것처럼 자신의 증상을 신체적인 것에서 정신적인 것으로 바꾼다. 히스테리들은 샤르코의 스펙터클한 시각적 욕망 대신, 어린 시절의 성적 유혹과 그에 대한 죄책감을 듣고자 하는 프로이트의 청각적 욕망을 채워주기로 결정한다. 마녀 사냥 시대에 종교재판관과 과학자들이 마녀에게서 듣고자 했던 자연의 비밀이, 이제 히스테리의 기원적 트라우마에 대한 심리적 죄책감의 비밀로 변모한다. 종교재판관 앞에서 고문으로 어쩔 수 없이 거짓 고백해야 했던 순간이, 정신분석가 앞에서 그가 원하는 대로 '어릴 적 기억을 고백'해야 했던 순간으로 변모한다. 물론 이때의 기억은 거짓으로 밝혀진다.

프로이트의 초기 저작에서 나타나듯, 히스테리는 자신의 유아기 트라우마가 아버지의 성적 유혹으로부터 비롯됨을 회상하고 고백한다. 그리고 이런 유혹이론으로부터 프로이트는 위대한 정신분석이론을 발명하고 자신의 이론적 기반을 다진다. 그러나 프로이트가 히스테리 치료에서 반복되는 실패를 통해 알게 된 것은 히스테리 환자들의 고백이 모두 거짓이자 허구였다는 것이다. 그것은 프로이트의 이론적 욕망을 채워주려는 히스테리의 거짓 이야기였으리라. 프로이트는 한발 더 나아가, 그 유혹자는 아버지가 아니라 정작 히스테리 환자 자신이었다는 것, 그리고 아버지를 유혹하려는 히스테리의 섹슈얼리티를 단죄하는 것이 치료의 방향이라고 주장하게 된다. 히스테리의 단죄와 처벌이 바로 치료이다. 유혹의 죄를 지은 자의 기억을 끄집어내어 말의 안개 속으로 사라지게 하는 것이 바로 정신분석 치료인 것이다.

마녀와 히스테리는 보는 자와 듣는 자 모두의 욕망을 채워주려 한다. 그들에게 진실이 무엇인지는 중요하지 않다. 종교재판관에게 마법 행위를 꾸며내어 말하는 일, 악마에게 신들린 신체를 보여주는 일, 샤르코에게 위대한 히스테리 발작을 상연하는 일, 프로이트에게 자신의 어렸을 적 기억을 끄집어내어 고백하는 일, 이 모든 것은 마녀/히스테리의 거짓말이다. 그러나 그 거짓말은 상대의 욕망을 재료삼아 상상된 거짓말, 그들이 보고 싶고 듣고 싶어 하는 거짓말이다. 아이러니하게도 그들의 철저한 거짓말의 논리는 자신의 자원으로 지배적인 논리를 사용한다. 히스테리의 논리는 지배질서의 논리를 그대로 따른다. 히스테리들은 정신분석 이론을 충실히 재현한다. 그렇다면 그들은 이 남성/지식의 권력자들과 공모한 것일까?

> 바로 거기에 히스테리의 거부가 있다. 히스테리는 논리, 질서, 이성 등이 모두 '인공작품'임을 공표하며, 그럼으로써 그것들이 가장 주장하고 싶어 하는 것, 즉 자명성을 제거한다. 어떠한 여자도 히스테리 환자처럼 그렇게 완벽하게 여자역할[자아가 부재하고 의지가 박약하다는 여성에 대한 통념]을 연기하지 못한다. [...] 히스테리 이론과 히스테리의 연기들은 서로 혼동할 만큼 닮아있다. [...] [히스테리들이] 신화로 변화하는 걸 연기해 보이는 것만이 자신들이 실존하고 있으며 그런 변화는 일어나지 않았다는 것을 증명할 수 있기 때문이다. 자기가 파괴되었음을 연기할 수 있는 사람은 파괴되지 않은 것이다.24

히스테리는 당대의 욕망을 전시하면서 동시에 그 욕망을 부수는 기계이다. 그 욕망의 논리가 얼마나 우스운지, 얼마나 취약한지

---

24 크리스티나 폰 브라운(2003), 앞의 책, 79쪽.

보여준다. 정신이 유약하고 의지가 박약하다면 히스테리 환자들이 어떻게 자신의 몸을 강하게 통제하고 자신의 신체를 그렇게 상연할 수 있는가? 프로이트가 히스테리를 전혀 치료하지 못한 이유는, 히스테리가 연극적이며 가장(masquerade)과 관련이 있음이 밝혀지기 전에, 더 정확히 말해 그 연극적 가면 뒤에는 여성적이라고 할 만한 것들이 아무것도 없음이 밝혀지기 전에, 히스테리들이 프로이트를 거부했기 때문이다. 히스테리들은 프로이트에게 수많은 영감과 동시에 엄청난 좌절을 안겨주었다. 도대체 누가 이 연극의 주인공일까? 상연을 감독하고 지휘하는 샤르코와 프로이트일까, 소름돋는 연기로 관객들을 매혹하는 히스테리일까?

정신분석이 히스테리 치료이론으로 엄청난 명성과 인기를 이루었다는 점 때문에 프로이트가 자신의 히스테리 환자들의 치료에 모두 실패했다는 사실은 좀처럼 드러나지 않는다.[25] 그리고 치료의 실패가 반복되면서 프로이트의 히스테리도 사라진다.

병증으로서의 히스테리가 갑자기 사라진 이유에 대해서도 여러 해석이 가능하다. 폰 브라운은 히스테리가 위로 올라가서 '정신화' 되면서 히스테리의 탈성화와 대중화가 이루어졌다고 본다. 프로이트에 의해 히스테리가 정신의 문제로 발명된 후, 이제 히스테리는 여성 신체나 자궁의 문제가 아니라 정신능력과 감수성의 문제

---

25 프로이트가 '치료'되었다고 생각한 엘리자베트는 그저 가정으로 되돌아갔을 뿐이다. 도라는 스스로 치료를 중단했고 에미는 히스테리가 재발했다.

가 되었다. 그러면서 남성 히스테리가 가능해진 것이다. 특히 '여자 질병'으로서의 히스테리는 예술가 남성이 지닐 수 있는 특수한 능력으로 격상된다. 이전에 천재의 우울증으로 불렸던 남성 작가들의 '졸도'나 '정신분열'은 히스테리의 스펙터클이 인기가 있던 동일한 시기에 예술가로서의 아우라를 장식했다. 여성 히스테리는 여전히 치료를 요하는 질병이지만 남성 히스테리는 남성 예술가의 표지가 되었다. 플로베르는 부모가 요구하는 변호사를 그만두고 작가가 될 즈음 히스테리 발작을 시작했다. 그리고 스스로 자신을 히스테리 환자로 명명한다.26 창조성을 갖춘 자궁은 더 이상 여성만의 전유물이 아니게 된다.

또한 의지가 박약하고 자아가 부재하며 감수성이 예민하다는 히스테리의 일반증상은 사회적 불안 속에서 집단적으로 발생하는 전염병으로 옮겨 붙는다. 많은 이들이 파시즘이나, 오늘날의 반지성주의적 음모론을 집단 히스테리의 예로 들기도 한다.27 이제 한 여성 개인이 자신의 신체적 정신적 고통을 호소하며 출구로 찾았던 히스테리는, 프로이트에 의해 탈육체화(정신화)되고, 남성 예술가들에 의해 탈성화되며, 여성 개인이 아닌 집단화 되었다. 여성 히스테리가 사라졌다는 것은, 스펙터클이라는 매혹과 불안으로 위협하는 요소로서의 히스테리의 효용이 떨어졌다는 증거이다. 프로이트

---

26 위의 책, 355-356쪽; 카트린 클레망(2008), 앞의 책, 41-42쪽.
27 Elaine Showalter(1997), pp. 22-29; 크리스티나 폰 브라운(2003), 앞의 책, 418-431쪽.

이후의 히스테리는 더 이상 여성 개인의 사적인 질병으로 여겨지지 않는다. 그것은 '사회화'되었고, 사회에 의해 용인되고 전유되었다.

많은 페미니스트들이 자신을 히스테리의 후계로 삼기도 한다. 특히 엘렌 식수는 자신을 프로이트의 히스테리 환자인 도라와 동일시하며 페미니스트와 여성성, 그리고 그것의 전복적 힘으로서 히스테리를 재해석하기도 한다. 최근까지 히스테리와 접점으로 가장 많이 논의된 것은 거식증이다. 표준화된 미를 위해 다이어트를 요구받는 여성들이 사회의 논리를 극단적으로 따른 예가 바로 거식증이기 때문이다. 특히 거식증이 특유하게 '여자질병'이라는 측면에서 히스테리를 계승한다는 주장이 많은 힘을 받는다.[28]

심지어 학문의 영역에서 히스테리는 윤리적 주체 일반으로 승격된다. 라캉이나 슬로베니아 학파의 많은 이론정신분석학자들이 히스테리를 여성성의 본질로, 나아가 분석에서 드러나는 불가능성의 가능성으로, 윤리적 주체로 호명한다. 히스테리는 이제 위대해졌다.

그럼에도 불구하고 다시금 궁금해진다. '여성질병'으로서, 자신의 신체를 히스테리화하고, 거짓말을 일삼으며, 상징질서에 복종하면서도 안에서 그 질서를 내파한 후, 갑자기 사라질 히스테리들이 오늘날에도 존재하는 것일까? 사람들을 끌어 모으고 유혹하면서도 혐오의 대상으로 타자화되는 사람들, 스펙터클 연기의 귀재들, 개

---

28 크리스티나 폰 브라운(2003), 위의 책, 461-482쪽.

인의 기억 속에 멈춰서 과거의 시간을 사는 사람들, 반-사회적이면서도 사회의 통합에 기여하는 아이러니한 존재들, 그리고 무엇보다도 '성적 존재'. 그들은 지금 어디에 있는 것일까?

참고문헌

실비아 페데리치, 『캘리번과 마녀』, 황성원·김민철 옮김, 갈무리, 2011.
야콥 슈프랭거, 하인리히 크라머, 『마녀를 심판하는 망치』, 이재필 옮김, 우물이있는집, 2016.
지그문트 프로이트, 『정신분석의 탄생』, 열린책들, 2005.
카트린 클레망, 『죄진 여성, 새로 태어난 여성』, 이봉지 옮김, 나남, 2008.
크리스티나 폰 브라운, 『히스테리』, 여이연, 2003.
Elaine Showalter, *Hystories: Hysterical Epidemics and Modern Culture*, Colombia Univ. Press:New York, 1997.
Georges Didi-Huberman, *Invention of hysteria: Charcot and the photographic iconography of the Salpétrière*, trans. Alisa Hartz, 2003.

21 세기 혼종적 존재로서의 마녀 되기

손자희

우리시대의
마녀
매혹적인 두려움은 어떻게 세상을 바꾸는가

1. 마녀와 마녀사냥의 귀환

텔레그램 n번방과 박사방의 비밀대화방을 통해 유포되었던 미성년자를 포함한 여성들의 성착취 영상과 그 영상 촬영에 이르는 잔인한 협박과정들은 16-17세기에 자행되었던 서구의 마녀사냥과 불타오르던 '마녀'의 화형식을 지금 다시 재현한 것인 양 내게는 보여진다. 화면에 비쳐진 21세기 한국사회의 디지털 성착취 영상이 몇 세기 전 다른 대륙에서 벌어졌던 마녀의 화형식과 똑같은 정도로 참혹하다는 시각적 친연성이 아니더라도, 5세기를 뛰어넘어 현시기 한국사회에서도 '마녀'로 호명되는 젊은 여성들이 대거 등장했다는 이 데자뷔는 우리에게 우리의 현재 상황을 규명해야 할 일로 만들었다.

화면에 보여지는 동시대의 젊은 여성들의 신체는 기실 5세기 전 마녀의 화인(火印)된 기억이 체현된 육화임에 틀림없다. 그녀들의 섹슈얼리티는 자본축적에 심하게 공여되었고, 국가로부터 엄격한 통제를 받고 있었다는 점에서 더욱 그렇다. 앞의 사실은 그녀들의 신체가 가혹하게도 전지구적 회로로 확산 유통되는 디지털 자본주의의 상품이 되었다는 점에서, 뒤의 사실은 2023년 현재도 국가가 낙태법을 쟁점으로 여성의 재생산 문제를 노동력 관리라는 자본의 문제로만 이해하고 있다는 점에서 그렇다.

우리는 16, 17세기에 자행되었던 서구의 마녀사냥의 시기와 마찬가지로 한국의 21세기에 다시 자본의 시초축적이 강력하게 진행되고 있다는 사실로부터 우리의 이야기를 시작하려 한다. 이 이야기로부터 시작하는 것은 현 시기 한국사회에서 폭발적으로 늘어나고 있는 여성을 둘러싸고 벌어지고 있는 온갖 형태의 착취가 지닌 경제적, 정치적 측면의 어떤 지점들을 명료하게 설명해 준다는 판단이 들기 때문이다.

서유럽에서 마녀사냥이 절정에 이르던 16세기 말~17세기 중반의 시기는 정확히 봉건적 관계가 자본주의의 전형에 가까운 경제 및 정치 제도들로 대체되기 시작하던 시기였다.[1] "이른바 시초축적은 생산자와 생산수단 사이의 역사적인 분리 과정 이외의 아무것도 아니다"[2]라는 마르크스의 비꼼임 섞인 단언이 아니더라도, 농촌 지역의 인클로저로 인해 당시의 농민들은 그들의 농지로부터 강제 격리되어 임노동자화 되었다. 이러한 대규모의 임노동자화는 자본주의 시초축적 과정의 기초를 이루었다. 이와 같이 이 마녀사냥의 시기에 시작된 자본의 시초축적이란 방대한 노동축적임을 확인할 수 있다. 이 시기 여성들의 경우, 토지에 대한 권리나 사회적 권력이 약했기 때문에 딱히 소유 개념이 없었던 공유지(commons)에 더욱

---

1 실비아 페데리치, 『캘리번과 마녀』, 황성원·김민철 옮김, 갈무리, 2011, 242쪽. 이하 이 책에서의 인용은 본문의 괄호 안에 그 쪽수를 명기한다.
2 카를 마르크스, 『자본론 1 하』, 김수행 옮김, 비봉출판사, 2015, 979쪽.

의존할 수밖에 없던 처지였다(115). 당시 반인클로저 투쟁이 대대적으로 일어난 가운데, 특히 식량폭동을 일으키고 이끈 것은 여성이어서 "여성폭동"이라고 부르기도 했는데, 그 이유는 그들이 바로 가정을 책임지고 있었기 때문이었다(128).

굶주림과 불안정한 생활로 인해 인구가 급속히 감소한 결과, 17세기에는 노동력 문제가 상당히 긴급한 해결을 요하는 문제로 부상하였다. 국가는 모든 형태의 피임, 그리고 출산과 무관한 성관계 등을 악마화하면서, 직접 출산을 관리하고 재생산에 대한 여성의 주도권을 파괴했다. 분명한 것은 인구감소에 집착하는 정치계급이 마녀사냥을 촉발시켰다는 점이다. 마녀사냥은 자신의 신체와 출산에 행사하던 여성의 통제권을 획득하기 위해 국가가 개시한 전쟁이었다. 이 탄압은 여성의 재생산노동을 집안의 일로 만들면서 비가시화 시켰는데, 이 결과 자본의 축적은 남녀의 분할 위에서 더욱 가속화되었다(140-160, 269-276).

영국에서는 마녀에 대한 화형을 그만둔 바로 그 시점부터 은행권 위조자의 교수형이 시작되었다.[3] 마녀사냥이 그쳤다는 것은 자본 축적이 어느 정도 이루어졌다는 것을 반증하며, 이후 축적된 자본의 안정성이 요구되었기 때문에 은행권 위조자의 교수형이 필요했던 것으로 보인다. 이는 마녀사냥이 자본축적에 불가결하게 필요한 일이었음을 차라리 증명해주는 사례이다.

---

3 카를 마르크스(2015), 앞의 책, 1035쪽.

시초축적의 역사를 개괄해 보았을 때, 여성을 남성 노동인구의 하인으로 만든 것, 즉 새로운 가부장적 질서의 구축이 자본주의 발전의 주요한 축(191)임을 분명하게 확인할 수 있다.

그런데 5세기 이상을 건너뛰어 이 컴퓨터의 시대4에도 여성의 신체를 정복하는 것은 노동과 부를 축적하기 위한 전제조건이 되고 있다. 재생산노동을 포함한 부불노동, 비가시 노동(감정노동 포함)에 착취당하고 있는 여성들의 실재의 신체뿐만 아니라, 사이버 상에서도 여성의 신체는 끊임없이 상품으로 순환하며 지독한 물신의 형태로 유통되고 있다. 끊임없이 유통되는 무한복제의 순환회로에 들어간 신체는 엄청난 속도로 전 세계의 시공간에서 화폐로 환산된다. 착취의 전지구화는 이렇게 해서도 끊임없이 가동되고 있는 것이다. 이는 현 시기 전 지구적 자본주의 단계에서도 5세기 전에 있었던 대규모의 시초축적이 새삼 다시 진행되고 있음을 우리에게 확연히 보여준다. 실제로 세계화는 스스로 시초축적과정임을 자임해왔다. 전 지구적으로 '인클로저'가 진행되고 있고, 이동하는 여성 노동력의 신장으로 전 세계 프롤레타리아트의 규모는 어마어마한 정도로 확장되고 있다.5 신자유주의가 지배하면서 사회적 불평등이 심화되는 틈을 타 자본은 다시 시초축적의 착취 과정으로 돌아갔다. 남녀의 분할 위에서 가속화된 자본축적은 남녀 간의 차별과

---

4 실비아 페데리치가 자신의 책에서 이렇게 규정지었다. 실비아 페데리치, 『혁명의 영점』, 황성원 옮김, 갈무리, 2013.
5 위의 책, 177쪽.

갈등을 더욱 증폭시킨다.

특히 20-30대의 한국 청년들은 벼랑 끝에 몰린 기분으로 살아가고 있다고 분노한다. '영끌'이 일상이 된 이 세대에서 특히 남녀갈등이 증폭되고 있는데, 이는 이들이 특히 '공통 결핍'[6]의 시대를 살고 있기 때문이다. '공통 결핍'은 다수 대중이 삶의 기반을 제대로 제공받지 못한 상태를 가리킨다. 오늘날 그들에게 특히 결핍된 것은 취업 기회, 주거 공간, 적절한 소득, 노후 보장 등 정상적인 인간적 삶을 위한 자원과 기회다. 이런 삶의 기반이 갈수록 희귀해지고 있다는 점에서 불평등 및 차별의 문제는 점점 두드러지고 있다. 그러나 신자유주의적 세계화로 인한 사회적 불평등의 문제는 이 젊은 세대들에게서는 대부분 남녀 성대결의 문제로 치환되거나 환원되어 버린 감이 없지 않다. 크게 가시적으로는 강남역 여성 살인 사건 이후 최근 한국사회에서 있었던 미투 운동, 대규모의 혜화역 시위, n번방 사건까지 전개된 일련의 대중적인 사건과 페미니즘 운동의 총합들이 특히 이 지점을 잘 보여준다. 신자유주의의 전일적 지배로 야기된 정치경제적 불평등의 문제보다는, 폭발적으로 가시화된 성대결 이슈에 사람들이 집중하게 되면서, 자본과 국가의 문제는 오히려 수면 아래로 사라졌다.[7] 그리고 한국사회의 젊은

---

6 '공통결핍'(common scarcity)이라는 용어와 내용 설명은 다음 글을 참조하였다. KANG Nae-hui, "In Time of Common Scarcity", keynote paper in the Pre-Conference Program of the 12th Biennial Crossroads in Cultural Studies Conference, 11 Aug. 2018, Shanghai.
7 페미니스트 크리틱인 손희정도 비슷한 의견을 보인다. 손희정, 「페미니즘 리부트」, 『문화론의

여성들은 온갖 사회적 맥락을 절단당한 채 5세기 전 '마녀'와 같이 악한 여성, 죽임을 당해야 할 여성으로 소환되고 있는 것이다.

2. 마녀: 혼성·혼종적 주체

자본주의 성립 시기 여성을 본성적으로 변태적이고 육욕이 더 강한 다른 종으로 "생산"하려 했던 마녀사냥의 기획은 마녀를 색출하는 데 꼭 필요했던 그 변모한 외양에 우선 중점을 두었다. 여성의 섹슈얼리티를 노동으로 변형하기 위한 첫 단추였다(284). 에로틱한 얼굴을 가진 여성에서 노동하는 얼굴을 가진 여성으로 탈바꿈된 그녀들은 이제 사람들의 머릿속에서 색을 밝히고 새 생명에 적대적인 늙은 여성으로 연상되기 시작했다(268). 놀랍게도 우리들 대부분은 서너 살만 되어도 마녀의 형상을 식별할 수 있을 정도로 그것은 전형성을 지니게 되었다.

니체에 의해 가장 훌륭하게 상징화된 악마적 전통8은 반로고스 중심주의에 기초해 있다. 이는 전통적으로 투사된 '합리적' 이미지와 충돌한다. 흉물스럽게 도해화된 마녀의 이미지는 처음에는 치료사로서의 지식이 있는 '현명한 여성들'에게 외부로부터 덧씌워진

도래와 파장』, 문화과학사, 2019, 301쪽.
8 François Châtelet, *La Philosophie des professeurs*, Grasset, 1970; 로지 브라이도티, 『변신: 되기의 유물론을 향해』, 김은주 옮김, 꿈꾼문고, 2020, 24쪽에서 재인용. 이하 이 『변신』에서의 인용은 본문의 괄호 안에 그 쪽수를 명기한다.

것이었다. 그녀들은 이제 노동력 재생산을 할 수 없는 불임의 몸이며, 해박한 지식으로 젊은 여성의 불임에 깊이 관여했던 얼굴 추하게 일그러진 노파의 외양만을 지니고 있다.

그러나 수동적으로 부과된 이 형상을 이제 우리가 선제적으로, 그리고 긍정적으로 전유한다면 그 도상, 아니 좀 더 역동적으로 표현하면 그 "형상"은 어떻게 변모해 갈 수 있을까? 우리는 이 새로 창안한 형상을 통해 사회적 상상계에 연결될 수 있다. 브라이도티가 비교적 낙관한 것처럼 이제 이 형상의 문제는 정치적 문제뿐만 아니라, "어떻게 하면 새로운 사고 구조를 발명할 수 있을까"(328)와 같은 인식론적, 미학적 질문에 대해서도 답을 제공할 수 있을까? 우리는 이 글에서 그런 염원을 담아 마녀의 새로운 형상을 발견해 보고자 한다. 아래의 인용은 형상이 체현된 역사이자 위치임을 잘 설명해준다.

> "형상은 역동적이고 변화하는 실재(entity)로서 주체를 보는 다층적이고 탈중심적인 시각의 관점에서 우리의 이미지를 제공한다. (...) 형상은 살아 있는 지도이자 자아에 대한 변형적 설명이다. 그것은 은유가 아니다. 유목민, 노숙자, 망명자, 난민, 보스니아 전쟁 강간 희생자, 떠돌아다니는 이주자, 불법이민자는 은유가 아니다. (...) 매우 특정한 지리 정치적, 역사적 위치이자 당신의 신체에 새겨진 역사이다"(16).

형상화는 꾸미거나 은유하지 않는다. 단지 다른 사회경제적,

상징적인 위치들을 표현한다. 지금, 여기 한국사회에서 마녀는 우리 여성들의 정치경제적, 문화적 위치를 드러내주는 주체 형태이다. 이 주체 형태는 어떤 특징을 가지고 있으며, 또 어떤 형태로 새로이 태어날 수 있을까?

이 글에서는 일단, 마녀로서의 여성 주체를 마녀, 동물, 사이보그(기계)의 세 가지 형태 정도로 형상화시켜 보고자 한다. 마녀는 종을 뛰어넘어 역사적으로 동물로 등치되어온 긴 노정이 있었고, 기계와 유기체 간의 잡종인 사이보그는 인간 이후, 그러니까 인간이 지배적일 수 없는 좋은 의미의 포스트휴먼 세계의 상상을 집약한 형상이다.

클레망은 여성은 이질적인 것들로 구성되어 있고, 그것은 여성에게 즐거운 이익이 된다고 말한다.

> "그녀는 이질성 속에서 자극된다. 대기를 유영하는 여성, 대기를 나는 도둑. 자신에게 집착하지 않고, 스스로를 분산시키고, 아낌없이 내어주는 광장한 그녀. 그녀는 타자를 욕망하고 또한 타자가 될 수 있다. 미래의 그녀 자신, 또한 현재의 그녀가 아닌 다른 여성이 될 수 있다. 그가 될 수 있고, 너도 될 수 있다."[9]

그런데 마녀를 두고, 특히 문제가 된 것은 마녀가 경계에 서 있는 존재라는 점이었다. 무엇보다 신이 정한 남녀의 질서를 교란

---

9 카트린 클레망, 『죄진 여성, 새로 태어난 여성』, 이봉지 옮김, 나남, 2008, 160쪽.

하는 자가 최대의 의심의 대상이었다. 잔다르크의 경우가 그랬다. 그녀가 남자 옷을 입는다는 점, 그러면서도 자신은 여성이며 처녀라고 주장한다는 점 등이 그녀를 의심받게 했다. 당대 많은 사제들과 수사들 모두 그녀를 인도하는 게 악마적인 영인지 신적인 영인지 궁금해했고, 박학한 학자들조차 이 주제에 대해 끝도 없이 글을 써댔는데 의견이 다르다 못해 상반되었다.[10] 그러나 결국 그녀는 마녀로 간주돼 화형당하고 말았다.

마녀의 형상으로 각인된 괴물성의 본질적 요소는 혼종성이어서 범주적 구분이나 경계가 모호해지는 것이다. 그 중 중요한 것은 다른 종들 사이, 즉 인간, 동물, 유기적 타자, 비유기적 타자, 기술 사이의 구별이다. 자아와 타자들의 범주적 구분이 흐려지면 종들 사이에 거대한 혼종화가 생겨난다. 우리가 '신체'라고 부르던 것에 괴물, 곤충, 기계를 강력한 포스트휴먼적 접근으로 결합시키는 이 과정의 핵심에는 특히 기술이 자리한다(404). 이 기술과 관련된 문제는 본 글의 마지막 부분인 '마녀-사이보그'에서 좀 더 상술하도록 하겠다.

3. 마녀: 동물-되기

중세 축제에 대한 서술에서 쥘 미슐레(Jules Michelet)는 마술적

---

10 주경철, 『마녀-서구 문명은 왜 마녀를 필요로 했는가』, 생각의힘, 2016, 152쪽.

동물과 농노, 즉, 겨우 인간 대접을 받는 인간의 최하층 계급 사이에는 더 이상 아무런 차이가 없었다고 한다. 축제는 인간과 가까우나 결코 인간이 아닌 동물의 축제라는 의미를 지닌다. 사회계급의 하나인 농노를 역(逆) 계급인 동물의 위치로까지 떨어뜨림으로써 그 계급 자체를 뒤집는다.[11] 이 전복성은 인간의 동물-되기의 힘에서 폭발적으로 나온다.

"어느 때는 수퇘지고, 또 어느 때는 커다란 개입니다."[12] 마녀재판에서 '검은 마녀' 티투바가 악령에 관해 재판관에게 답하는 내용이다. 악령과 관계 맺는 마녀 역시 검은 염소로, 두꺼비로, 때로는 토끼나 쥐 등의 동물로 변신한다는 기록들이 실재한다. 마녀사냥을 위한 교본인 『마녀를 심판하는 망치』[13]의 서두에서 이미 마녀들이 늑대를 비롯하여 온갖 짐승으로 둔갑하는 상황을 고려해야 한다고 강조하고 있다는 점이 이를 증명한다. 마녀재판에서는 여성의 섹슈얼리티를 특히 수간과 동일시해 왔다. 마녀는 동물로 변신한다는 믿음은 여성성 자체가 동물성과 유사함을 암시한다.[14]

그러나 들뢰즈는 인간과 동물의 동일화에 도달하는 것은 중요

---

11 카트린 클레망(2008), 앞의 책, 52쪽.
12 마리즈 콩데, 『나, 티투바, 세일럼의 검은 마녀』, 정혜용 옮김, 은행나무, 2019, 170쪽. 소설에 나오는 마녀재판의 이 기록은 미국 매사추세츠주 에식스 카운티의 기록보관소에 남아 있다.
13 야콥 슈프랭거, 하인리히 크라머, 『마녀를 심판하는 망치』, 이재필 옮김, 우물이있는집, 2016.
14 실비아 페데리치(2011), 앞의 책, 286, 288쪽.

하지 않다고 본다. 이들 사이의 차이를 정돈해서 관계들의 일치를 이룰 수 있도록 하는 것이 더 중요하다고 보기 때문이다.[15]

마녀가 동물로 은유되는 이 관계는 다분히 오이디푸스적 관계로, 평등하지 않을 뿐 아니라, 인간이 동물을 포함한 타자들의 신체에 함부로 접근하고 소비하는 것을 당연하게 여기는 인간 지배적이고, 구조적으로는 남성중심적인 틀에 매여 있다. 기왕의 휴머니즘 주체는 자신을 지배적인 주체로 확정하고 있기 때문에 체현의 다른 양태들은 모두 주체 입지에서 쫓겨난다. 타자들, 즉 남성 아닌, 백인 아닌, 정상 아닌, 젊지 않은, 기형의 존재들은 괴물성과 야만성으로 분류된다. 이 과정은 백인, 남성, 이성애, 유럽 문명에 기반을 둔 미학적이고 도덕적인 이상을 떠받치고 있다는 점에서 인간중심적이고, 젠더화되고, 인종화되어 있다. 그러나 인간 중심 사고에서 벗어나기를 적극 추동한다면 물론 어려운 일이지만, 종에 위계가 있다거나, 인간에 하나의 공통 기준이 있다는 개념은 배제될 수 있다. 이렇게 열린 틈으로 다른 종들이 질주해 들어올 수 있다.[16]

그리고 '동물-되기'라는 지속되는 과정은 "인간 중심의 세계관이 다른 유형의 감각들과 다른 정동들로 산산조각 난 바로 그 상태이며, 비지배적인 종류의 기억에 관한 것이다."(25) 해러웨이의 다음 서술은 바로 이 비지배적 기억을 환기한 경우이다.

15 질 들뢰즈, 펠릭스 가타리, 『천개의 고원』, 김재인 옮김, 새물결, 2001, 449쪽.
16 이 단락은 다음의 책에서 정리한 것이다. 로지 브라이도티, 『포스트휴먼』, 이경란 옮김, 아카넷, 2015, 90-92쪽.

"...나 같은 사람들은 함께 사는 개들을 통해 토착민의 주권, 목축 경제 및 생태적 생존, 육류 산업 복합체의 급진적 개혁, 인종 정의, 전쟁과 이주의 귀결, 기술문화의 제도와 맞닿게 된다. 헬렌 베란의 표현을 빌리면 "함께 잘 지내는 것"이 필요하다. "순종"인 카옌과 "잡종"인 롤런드, 그리고 내가 우리 서로를 만질 때, 우리는 우리를 있게 해준 개들 및 사람들과 연결된 관계를 우리의 육신 속에 체현한다. 나와 땅을 함께 쓰는 이웃인 수전 코딜의 감각적인 그레이트 피레니즈인 윌렘을 쓰다듬을 때, 나는 애견 전시회 및 다국적 목축 경제뿐 아니라 새로운 상황에 부닥친 캐나다 회색 늑대, 경제적 가치가 높아진 슬로바키아 곰, 국제 복원 생태학을 만지게 된다."[17]

동물의 강점은 영토에 대한 애착과 상호의존성으로 표현되는, 일자가 되지 않는 데에 있다고 한다. (...) 인식, 코드화, 대처 과정에서, 동물들은 영토를 표현하고 거주하고 보호하려는 노력을 인간과 결합하면서 자신들의 순수한 동물성을 초월한다(256).

복제양 돌리를 생각해 보면 우리가 당연시 생각하던 사유의 범주들은 거의 소용이 없다는 느낌을 받는다. 그녀/그것은 더 이상 동물도 아니지만 완전히 기계도 아닌 존재이다. 1988년에 데뷔한 앙코마우스™는 세계에서 첫 번째로 특허받은 동물이다. 그/녀는 유방암을 만들 수 있는 종양을 생산하도록 이식된 인간 유전자가 제 기능을 하는 소재지가 되었다. 그/녀는 인간인 나와 내 자매들이 살 수 있도록 반복적으로 깊은 육체적 고통을 겪는다. 은유를 물질

---

17 도나 해러웨이, 「반려견 선언」, 『해러웨이 선언문』, 황희선 옮김, 책세상, 2019, 236쪽.

적 서사로 만드는 평범한 실천을 통해 창조된 그녀의 지위는, 살아 있는 동물로 남게 되는 발명된 동물이자 발명품이기 때문에 죽지 않는 자들의 영역 속에 계속 존속하는 흡혈귀가 된다.[18]

흡혈귀는 아주 자주 마녀의 징표였다. 이 흡혈귀는 계통적으로 자식을 낳는 것이 아니라 전염되어 가는 것이다. 전염이나 전염병은 인간, 동물, 박테리아, 바이러스, 미생물 등 완전히 이질적인 항들을 작동시킨다는 점에서 생식과 차이가 난다.[19] 계통 관계나 유전적 생식이 없는 생성을 상상한다면 이 전염에 의한 증식은 그야말로 폭발적이다. 언제 어디서나 그 증식은 일어난다.

이질적인 항들을 갖고 있으며 전염에 의해 공동-기능하는 이 다양체들은 일정한 배치물들 속으로 들어간다. 그리고 바로 여기서 인간의 동물-되기가 이루어지는 것이다. 여기서 들뢰즈는 배치물을 가족제도나 국가장치 같은 조직들과 혼동하지는 말자면서, 배치물의 예로 전투 집단, 비밀 결사, 수렵 집단 등의 다양한 모임(sociétés)을 든다. 동물-되기는 이러한 모임에 특유한 것이다. 이 속에서 가족 유형의 전통 체제, 국가나 전-국가적 유형의 분류와 귀속 양태, 나아가 종교적 유형의 계열 수립을 찾으려고 해서는 안 된다. 전투 집단, 비밀 결사 같은 무리의 기원은 가족이나 국가의 기원과는 전혀 다르다. 무리는 동물의 실재인 동시에 인간의 동물-되기의

---

18 도나 해러웨이, 『겸손한 목격자』, 민경숙 옮김, 갈무리, 2007, 176-177쪽.
19 질 들뢰즈, 펠릭스 가타리(2001), 앞의 책, 459쪽.

실재이다. 그리고 이때 전염은 동물의 서식인 동시에 인간의 동물적 서식의 전파이다.[20]

마녀도 동물과 마찬가지로 국가, 가족, 종교라는 소위 억압 장치들로부터 벗어나 무리로 출몰하며 흡혈귀로 분하여 전염을 널리 퍼트려 간다. 2018년 사이버 성범죄에 전쟁을 선포하며 혜화역에 상상할 수 없는 규모의 무리로 출몰한 '불편한 용기'의 그 젊은 여성들은 그래서 마녀인 것이다. 여성혐오의 결과, 남성들에 의해 마녀로 호명되는 것이 아니라, 여성들 스스로가 작명한 이름일 수 있다. 이때 전염은 SNS를 타고 확산되었다.

이러한 동물-되기 없이는 창조성이 있을 수 없고, 새로운 주체성, 새로운 주체형태가 생겨날 수 없다. 되기는 적어도 계통을 따른 진화가 아니다. 되기(=생성)는 항상 계통과는 다른 질서에 속해 있다. 되기는 결코 관계 상호 간의 일 대 일 대응이 아니다. 유사성도, 모방도, 더욱이 동일화도 아니다. 특히 되기는 상상 속에서 일어나는 것이 아니다. 완전히 실재적이다. 인간이 "실제로" 동물이 될 수는 없으며 동물 또한 "실제로" 다른 무엇이 될 수 없다는 것 또한 분명하다. 이 되기는 자기 자신 외에는 아무 것도 생산하지 않는다. 인간의 동물-되기는 인간이 변해서 되는 동물이 실재하지 않더라도 실제적이다.[21]

20 위의 책, 460-461쪽.
21 위의 책, 452쪽.

모든 동물은 일차적으로 패거리이며 무리다. 모든 동물은 개개의 특성들보다는 무리의 양태를 갖고 있다. 그런데 바로 이 지점에서 인간은 동물과 관계를 맺는다. 따라서 무리에 대한, 다양체에 대한 매혹이 없다면 우리는 동물이 되지 못한다.[22] 이렇기 때문에 되기는 결연(alliance)과 관계된다고 확실히 말할 수 있다. 되기들은 관계를 맺음으로써 가능한 미래를 만들어내고, 지속가능한 상호연결망들을 만들어서 세계를 건설한다. 이것이 바로 되기의 요점이다(259).

이제 와서 다시 새삼 이 말을 하는 것은 그렇지만, 다시 한 번 강조하자. 동물은 더 이상 인간의 자기 투사와 도덕적 열망을 지탱하는 의미화 체계가 아니다. 지금 이 시대, 혹은 앞으로의 포스트휴먼 시대에는 서로 다른 생명 형식들에서 놀랄 만한 물질적 등가형식이 발견될 것이다. 우리는 우리 시대의 인간-아닌 동물의 복잡성과 동물과 인간의 근접성에 어울리는 재현 체계를 고안해야 한다. 앞으로 중요한 것은 그리하여 새로운 관계 양태로 나아가는 것[23]이지 않겠는가.

4. 마녀: 사이보그

"출현 당시 마녀에게는 아버지도, 어머니도, 아들도, 남편도, 가족도 없다." 딸은 있을 수 없다. ...마녀를 압살하지 못하는, 그러나 다른 모든

---

22 위의 책, 455쪽.
23 로지 브라이도티(2015), 앞의 책, 94쪽.

여성을 압살하는 이 가족이라는 장치에는 딸이 없다. 그녀는 가족이 없는 까닭에 어느 곳에도 살지 않는다. …'어느 곳도 아닌'이라는 말이 의미하는 그곳에 산다. "불가능한 곳, 즉 가시덤불로 가득 찬 숲, 가시나무와 엉겅퀴가 뒤엉켜 아무도 통과할 수 없는 곳" 말이다. 중요한 것은 그곳이 통과를 허용하지 않는다는 점이다.[24]

마녀가 살던 이 격리된 공간은 지금이라면 사이버 공간이다. "'어느 곳도 아닌'이라는 말이 의미하는 그곳"이라면 그렇다. 지금 그곳은 통과를 허용하지 않는다기보다는 이제는 세상의 모든 통과가 한꺼번에 이루어지느라 아무도 통과한다고 할 수 없는 '사회적 거점'[25]이다. 그곳에는 항시 곧 끊어지고 말 접속만이 존재한다. 기술이 가져다준 장소이다. 사이버공간 중 가장 왕래가 빈번하다 할 수 있는 "인터넷은 기술과학, 즉 구체적이고 유한한 물질적-기호적인 우주를 구성하는 풍요로운 연결관계들을 나타내는 제유(synecdochic)이다."[26] 2018년 혜화역에 당도한 거대한 여성 무리는 대다수가 인터넷·미디어·SNS에서 소통하며 흡혈의 무한 전염력으로 서로를 불러낼 수 있었다. 이 '불편한 용기'의 혜화역 디지털 성범죄 투쟁에서 보았듯 "주체(여기서는 앞서 동물-되기 장에서 서술한 흡혈귀로서의 마녀 형태를 의미함)의 '외부'로서의 기술은 오늘날 주체를 구성하는 중요한 요소로 부상하였다."(476)

---

24 카트린 클레망(2008), 앞의 책, 102쪽.
25 에바 일루즈는 인터넷을 '사회적 거점'으로 간주했다. 에바 일루즈, 『감정자본주의』, 김정아 옮김, 돌베개, 2010, 204쪽.
26 도나 해러웨이(2007), 앞의 책, 41쪽.

20세기말 우리는 기계와 유기체 간의 잡종인 키메라, 즉 사이보그이다. 해러웨이는 여신보다는 사이보그가 되겠다고 자신의 「사이보그 선언」 말미에서 선언한다. "사이보그 이미지는 우리 자신에게 우리의 몸과 도구를 설명해왔던 이원론의 미로에서 탈출하는 길을 보여줄 수 있다."[27]는 큰 장점이 있다. 해러웨이는 동물, 돌연변이, 기계와의 새로운 상호작용을 위해 긍정적이고 힘을 실어주는 형상을 상정함으로써 맞서 싸우기를 원하고, 우리에게도 그 싸움에 참여하길 독려한다. 그 대안적 형상인 사이보그, 트릭스터, 유전자 변형 쥐(대표적으로 해러웨이가 정성을 쏟아 기술한 앙코마우스™) 등은 타자성의 바람직한 구조를 생산한다. "그 구조는 우선적으로 비고정적, 비통일적이어야 하며, 그런 주체성은 여성, 토착민, 빼앗긴 자, 학대받은 자, 배제당한 자, 동시대 문화가 후원하는 첨단 기술의 청결하고 효율적인 신체들의 '타자'와 가까운 곳에 위치하고 있다"(265-266). 변칙적이고 괴물적인 다른 타자들을 가치 저하의 기호로 접근하는 것이 아니라 긍정적 발전과 대안을 가리키는 잠재적 가능성의 전개로 접근한다(402).

　　우리 시대의 기계들은 은유가 아니다. 브라이도티는 들뢰즈를 따라 "기계는 힘과 에너지를 포착하고 처리하며 상호관계와 다양한 접속과 배치를 촉진하는 엔진이며 장치"[28]라고 말한다. 그렇다

27　도나 해러웨이(2019), 「사이보그 선언」, 앞의 책, 86쪽.
28　로지 브라이도티(2015), 앞의 책, 121쪽.

면 '기계-되기'는 관계를 형성하는 주체의 강력한 힘들을 지시하고 실현하는 것이다. "'기계와 같은 것'은 인간 중심적 인본주의 주체의 고전적 틀 밖에서 주체성을 전개하여, 힘과 되기의 구성 영역과 되기들 속으로 다시 위치시키는 역동적인 과정을 말한다."(430)

앞서도 언급했지만 주체는 더 이상 이원론의 틀로 구성되지 않으며, 다수의 타자와 유대를 맺고 기술로 매개된 지구 환경과 융합하는 주체다. 인간과 기술의 결합은 새로운 횡단적 복합체를 발생시킨다.[29] "혼종, 혼합, 다중연결자로서의 사이보그"(435)가 바로 그 횡단적 복합체이다.

혼종, 혼합이며 다중연결자라는 점에서 사이보그는 마녀와 흡사하거나 상통한다. 마녀는 대중문화 속에서 빈번히 여성괴물의 형상으로 출현한다. 실제로 유명한 세일럼의 마녀사냥 당시에 마녀 식별서로 중요하게 이용되었던 『마녀의 추적』이라는 책을 보면 정직한 여성에게는 없는 젖꼭지를 세 개 가진 여성들을 마녀로 식별해냈던 기록들이 있다.[30] 분신, 로봇 또는 자동기계들처럼 그녀들 역시 기형들과 동일한 변형효과를 가지고 있다. 그들은 경이로움과 공포, 혐오와 욕망의 대상이다.

사이보그는 기술이 주도하는 전 지구적 경제에 접속하지도 않

---

29 위의 책, 120-121쪽.
30 주경철(2016), 앞의 책, 240-241쪽. 『마녀의 추적』(*Discovery of Witches*, 1647)의 저자 매슈 홉킨스(Matthew Hopkins)는 영국 마녀추적부 장관이라는 공식적 직위가 있었던 인물이다(마커스 레디커, 피터 라인보우, 『히드라』, 정남영, 손지태 옮김, 갈무리, 2008, 149쪽).

으면서 그 경제에 연료를 공급하는 익명의 저임금 디지털 프롤레타리아 대중도 그 안에 포함한다.[31] "기계와 신체 조직의 결합의 고통을 아는" 여성, 이민자 또는 난민으로 구성되어 있는 저임금 노동자들의..."사이보그의 삶: 맥도날드에서 사이보그 멘트를 하고 버거를 뒤집는 노동자의 삶"[32]을 살아가고 있다면 그들 역시 사이보그라 할 수 있지 않을까.

그런가하면 이러한 신기술에 수반되는 체현의 형태가 가진 위험성 역시 상존한다. 소위 '새로운' 기술 제품들을 통해 전 지구적으로, 그리고 지속적으로 떠돌고 있는 여성들의 포르노적, 폭력적, 굴욕적 이미지들(469)이 그것이다. n번방의 여성 형상들은 실제 지금을 살아가고 있는 21세기 한국의 젊거나 어린 여성들의 이미지다.

실제로 기술적으로 매개된 기술장치들의 준거점은 남성도 여성도 아닌 것으로 보인다. 선진 자본주의는 고도의 양성성을 수용할 수 있고 성차의 범주적 구분이 상당히 흐려진 포스트젠더 시스템 위에 있다.[33] 페미니즘 정치학의 견지에서 보면 젠더들 없는 섹슈얼리티를 재고해야 한다는 의미로도 볼 수 있다. 이때 젠더는 신체의 많은 잠재력을 포획하는 역사적으로 우연한 메커니즘일 뿐

---

31 로지 브라이도티(2015), 앞의 책, 119쪽.
32 Sandoval Chela, "Woman Prefer a Choice", in Jenny Wolmark, ed., *Cyber Sexualities*, Edinburgh University, 1999, p. 408; 로지 브라이도티(2020), 앞의 책, 456쪽에서 재인용.
33 Pail Gilroy, *Against Race, Imaging Political Culture beyond, the Colour Line*, Harvard University, 2000; 로지 브라이도티(2015), 앞의 책, 128쪽에서 재인용.

이며, 신체의 생성 능력, 재생산 능력도 이러한 잠재력의 일부다. 언어학적이고 사회적인 구조주의 전통에서 퀴어 이론이 시사하듯,[34] 젠더를 힘의 유일한 초역사적 매트릭스로 전환시키는 것은 정말로 개념적 오류다. 젠더 체제는 이분법적 기계로 인간의 섹슈얼리티의 복잡성을 단일화하고, 또 이분법적 기계는 이성애적 가족 형성을 특권화하고 우리에게서 다른 모든 가능한 신체들을 훔쳐내기 때문에, 성적 신체가 무엇을 할 수 있는지 우리는 더 이상 알지 못하게 된다. 이제 분명히 우리는 섹슈얼리티를 나타내는 성의 복잡성 개념을 재발견할 필요가 있다. 현재의 한국사회처럼 젠더이분법이 모든 것을 억압할 때가 바로 그 시점인 것 같다.[35]

***

마녀, 동물, 그리고 사이보그. 마녀의 이름 아래 모인 이 비통일적이고 형성 중인 세 주체 형태들은 더 이상 래디컬 페미니스트들이 내세우는 통일적이고 이분법적인 주체를 가정하지 않는 새로운 주체 형태들이다. 그것들은 대안적 형상화를 위한 형태들이며, 늘 되어가는(becoming) 주체이다. 그것들은 아주 새로운 종류의 정치적 주체 형태가 될 수 있다. 우리는 우리 자신에 대해 다르게 생각하는 법을 배워야 한다. 대안적 형상화를 위한 이러한 탐구는 바로 우리

---

34 Judith Butler, *Gender Trouble*, Routledge, 1991; 로지 브라이도티(2015), 위의 책, 219쪽에서 재인용.
35 로지 브라이도티(2015), 앞의 책, 128-131쪽.

자신이 거주하는 사회적·상징적 위치들을 좌표화하며, 우리가 이미 되어가고 있는 이행적 주체 형태를 창안해내는 창의력 혹은 상상력을 표현하는 것이다. 그것이 강렬하면 좋겠다.

참고문헌

도나 해러웨이, 『겸손한 목격자』, 민경숙 옮김, 갈무리, 2007.

_____, 『유인원, 사이보그, 그리고 여자』, 민경숙 옮김, 동문선, 2002.

_____, 『해러웨이 선언문』, 황희선 옮김, 책세상, 2019.

로지 브라이도티, 『변신: 되기의 유물론을 향해』, 김은주 옮김, 꿈꾼문고, 2020.

_____, 『포스트휴먼』, 이경란 옮김, 아카넷, 2015.

마리즈 콩데, 『나, 티투바, 세일럼의 검은 마녀』, 정혜용 옮김, 은행나무, 2019.

마커스 레디커·피터 라인보우, 『히드라』, 정남영·손지태 옮김, 갈무리, 2008.

손희정, 「페미니즘 리부트」, 『문화론의 도래와 파장』, 문화과학사, 2019.

실비아 페데리치, 『캘리번과 마녀 ─ 여성, 신체 그리고 시초축적』, 황성원·김민철 옮김, 갈무리, 2011.

_____, 『혁명의 영점』, 황성원 옮김, 갈무리, 2013.

야콥 슈프랭거·하인리히 크라머, 『마녀를 심판하는 망치』, 이재필 옮김, 우물이있는 집, 2016.

에바 일루즈, 『감정자본주의』, 김정아 옮김, 돌베개, 2010.

엘렌 식수·캐서린 클레망, 『새로 태어난 여성』, 이봉지 옮김, 나남, 2008.

주경철, 『마녀 ─ 서구 문명은 왜 마녀를 필요로 했는가』, 생각의힘, 2016.

질 들뢰즈·펠릭스 가타리, 『천개의 고원』, 김재인 옮김, 새물결, 2001.

카를 마르크스, 『자본론 1 하』, 김수행 옮김, 비봉출판사, 2015.

KANG Nae-hui, "In Time of Common Scarcity", keynote paper in the Pre-Conference Program of the 12th Biennial Crossroads in Cultural Studies Conference, 11 Aug. 2018, Shanghai.

‘여성이 여성의 고통을 쓴다는 것’에 관한 고찰:
레슬리 제이미슨의 「여성 고통의 대통일 이론」과
김혜순의 『여성 시하다』를 중심으로

신나리

우리시대의
미나
매혹적인 두려움은 어떻게 세상을 바꾸는가

나는 최승자 시인과 그의 작품들을 정말 좋아한다. 앞선 문장을 타이핑하며, 나는 이것이 단순한 개인의 문학적 취향을 발화한 문장으로 살아남을 수 있는지를 고민한다. 또한 나는 지금은 말할 수 없는 것들을 언젠가는 세상에 고백할 수 있게 되기를 소망한다. 앞서 달려가는 소망 뒤로 의문이 따라붙는다. 왜 나는 말할 수 없는 것들에 대해 입을 다물지 못하는가? 우리는 여성이 자기 고통을 고백한 글에 매혹을 느끼며 동시에 죄책감을 느낀다. 여성으로서의 고통을 고백하고자 하는 욕망을 느끼며 동시에 수치심을 느낀다. 매혹과 욕망이 앞설 때 우리는 두려움을 느낀다. 여성이 자기 고통을 고백하는 과정에 여성에게는 어떤 일들이 일어나는가? 여성은 작가로서 미치지 않고 자기 고통을 고백할 수 있는가?

　이 글의 1절에서는 레슬리 제이미슨의 「여성 고통의 대통일 이론」을 재구조화하는 작업을 통해 '여성은 작가로서 미치지 않고 자기 고통을 고백할 수 있을까?'라는 질문을 탐구해 보고자 한다. 여성이 자기 고통을 고백하는 과정이 여성을 고통에 빠져들도록 만든다면 왜 여성은 계속 자기 고통을 고백하고자 하는 것일까? 여성이 자기 고통을 고백하는 일은 어떤 의미를 가질 수 있는 것일까?

1. 여성은 작가로서 미치지 않고 자기 고통을 고백할 수 있을까?[1]

여기 외부의 폭력으로 인해 피해를 입은 한 여성이 있다. 그녀는 자신의 고통으로부터 자신의 전 존재를 새롭게 구성해 나가는 과정을 겪게 된다. 그녀는 자신의 상처에 몰입하고 상처를 탐닉하는 시간을 보낸다. 이후 상처에 대해 말하고자 하는 욕망을 느끼고, 세상에 자신이 입은 피해와 그로 인한 고통을 고백한다. 이 모든 과정에 여성 혐오가 개입하여, 여성을 둘러싼 외부와 여성의 내면에서 동시에 작동한다.

오랜 시간 여성들은 비극에 의해서만 존재할 수 있었다. 여성이 남성과 동등한 인간으로 대우받지 못하는 문화 속에서, 여성의 고통은 그들을 특별한 존재로 만들어주었기 때문이다. 그러나 고통은 존재를 허락할 뿐만 아니라 다시금 그들이 고난을 겪도록 하고 결국은 고난의 성물이 되도록 만들었다. 상처 입은 여성이 일종의 여신으로 이상화, 낭만화, 타자화되었기 때문이다. 이러한 문화의 구조는, 누군가가 상처에 대해 말하게 되는 이유는 애초에 외부의 폭력이 있었기 때문이라는 사실을 잊도록 만들었다.

상처가 종종 건설적인 것처럼 보인다는 점도 문제적이었다. 상처가 누군가 실제로 어떤 사건을 경험한 후의 흔적이라는 점에서

---

1 레슬리 제이미슨의 단어와 문장을 적극적으로 옮겨 서술한 경우에는 각주로 페이지를 표시하였다. 레슬리 제이미슨, 「여성 고통의 대통일 이론」, 『공감연습』, 오숙은 옮김, 문학과지성사, 2014, 304-360쪽.

진실성을, 누군가가 이 흔적을 기점으로 삶을 성찰하기 시작하게 된다는 점에서 심오함을, 각자의 사건이 가진 고유의 개별성이 존재한다는 점에서 유일성을, 폭력에 비해 정당한 것이며 사람들의 응원과 지지를 받을 수 있다는 점에서 바람직함을 약속했기 때문이다. 또한 상처는 이야기를 창작할 수 있는 자원이 되었으며, 상처가 주는 모욕은 새로운 삶의 모토를 만들어낼 수 있는 동기가 되기도 했다. 그러므로 상처 입은 여성들은 상처를 탐닉하게 되곤 했는데, 상처로부터 받은 은혜가 상처가 남긴 아픔을 제거하지는 못했다.

상처를 탐닉하는 여성들이 상처로부터 끊임없이 고통받고 있었음에도 불구하고, 여성들은 경멸의 대상이 되었다. 사람들은 한 사건의 피해자가 되는 것은 온전히 상황 때문이 아니라 상황과 작용의 혼합일 수밖에 없으며, 피해 입은 여성의 상처는 진정한 상처와 조작한 상처의 혼합체일 수밖에 없다는 점을 받아들이지 못했다. 상처를 탐닉하는 여성들에 대한 경멸은, 상처에 애착 혹은 감상을 느끼는 것에 수치심을 주는 문화의 구조와 명령을 만들어냈다. 여기에 고통받는 여성에게 가치를 부여하지 말라는 윤리적이고 미학적인 계명이 문제를 복잡하게 만들었다.[2]

여성들 역시 상처를 탐닉하는 여성들을 경멸하고 피했다. 왜냐하면 어릴 때부터 여성들은 피해자가 되지 않는 것의 중요성을 누누이 교육받아 왔기 때문이다. 또한 상처가 상처 입은 자를 완전히

2 위의 책, 352쪽.

포섭하여 그가 자기 존재 바깥을 보지 못하게 하고 결국은 타인의 고통에 공감하지 못하도록 만드는 위험성을 가지고 있었기 때문이다. 상처를 탐닉하는 여성에 대한 경멸은 상처를 표현하는 여성에 대한 경멸로 이어졌다. 그러므로 외부의 폭력으로 피해를 입은 여성은 양날의 수치심과 분노를 가지게 될 수밖에 없었다. 하나는 '왜 나에게 이런 일이 일어났는가?' 또 하나는 '나는 왜 이에 대해 이토록 많이 얘기하고 있는가'였다.[3]

여성이 상처에 대해 말하고자 하는 이유는 여러 가지일 수 있다. 어떤 여성은 자신의 불행이 막연해 그것을 특정한 형상으로 만들고 싶어서, 자신을 해한다는 것이 어떤 기분인지 알고 싶어서, 흔들리는 자아 감각을 인정할 필요성이 절박해서, 체화된 불행을 눈에 보이는 입체적이고 유동적인 것으로 만들고 싶어서 상처에 대해 썼다.[4] 또 다른 여성은 무의식적인 자기 진술의 욕망 때문에, 기존의 언어로 자신의 상처를 설명하는 일의 거듭되는 실패를 통해 기존의 언어가 가진 야만성을 드러내기 위해, 자신을 패배시킨 세상의 질서를 와해시키고자 하는 복수욕 때문에, 자신이 만든 질서 안으로 세상을 편입시키겠다는 지배욕 때문에 상처에 대해 썼다.[5]

---

3 위의 책, 308쪽.
4 레슬리 제이미슨이 여성이 고통을 쓰고자 하는 욕망을 자해 욕망과 같은 선상에 놓고 설명한 부분을 참고하여 서술하였다. 위의 책, 316쪽.
5 김혜순이 최승자의 글을 쓰고자 하는 욕망에 대해 서술한 부분을 참고하였다. 김혜순, 『여성, 시하다』, 문학과지성사, 2017, 115쪽.

사람들은 상처를 표현하는 여성을, 상처를 있는 그대로 드러내는 여성과 상처를 연기하는 여성으로 분리하고자 했다. 또한 후자의 여성을 처벌하기를 원했다. 상처를 연기하는 것을 경멸하고 혐오한 이유는 여성들이 상처를 연기하는 목적이 사람들의 관심을 사기 위해서라고 생각했기 때문이다. 사람들의 관심을 얻기 위한 욕망은 본질적으로 이기적이고 천박한 것으로 여겨졌다. 그러나 앞서 언급했듯 여성의 상처는 진정한 상처와 조작한 상처의 혼합체일 수밖에 없고, 여성들이 상처를 표현하는 일 역시 그대로 드러내는 일과 연기하는 일의 혼합체일 수밖에 없었다. 그러나 사람들은 상처를 표현하는 여성을 피해자 놀이를 하는 여성, 끊임없이 약해지고 있는 여성, 용기보다 탐닉을 선택한 여성이라고 경멸하고 비난했다.[6]

　　경멸과 비난 속에서 여성의 고통은 지지부진한 것이자 시대에 뒤처진 것으로 일축되었으며, 이는 여성의 고통에 더 이상 귀 기울여야 할 필요가 없다는, 피해 입은 여성은 자신의 고통에 대해 더 이상 말하려 하지 않아도 된다는 메시지가 되었다. 그러므로 상처입은 이후의 여성들은 특정한 비난들을 미연에 방지하기 위한 말과 행동들을 했다. 너무 크게 울지 말 것, 피해자인 척하지 말 것, 상처에 질려할 것, 잠재된 통증이나 자기 연민으로 보일 수 있는 것들을 빈정거리며 농담할 것, 상처에 신경을 쓰기를 거부할 것.[7]

6　레슬리 제이미슨(2014), 앞의 책, 360쪽.

고통스럽다는 것을 감출 수 없는 경우의 여성들은 자신이 취하는 태도가 어떠한지를 끊임없이 의식했다. 여성들은 만약 자신이 상처로 인해 고통스러워할 경우, 세상이 자신을 특정한 여성성으로 인식하고 이해할 것임을 알고 있었다. 또한 이것이 자신과 지성 간의 거리를 만들어낼 것이라고 생각하였다. 그러므로 그들은 상처로 인해 아파하기를 거부했으며 나아가 지나치게 고통스러워하는 여성들을 못 견뎌 하였다.

　　외부의 폭력으로 인해 피해를 입게 된 여성들은 세상과 자신을 향한 수치심과 분노를 느꼈고, 남몰래 상처를 탐닉하면서도 그러한 자신을 경멸했으며, 경멸과 비난의 문화 가운데 자기 연민을 통한 자기 이해를 거부하게 되었다. 상처 입은 이후의 여성들이 극도로 싫어하고 두려워했던 여성상은 자기 연민 속에서 뒹굴며 세계가 그것에 관해 어떻게 해주기를 바라는지 결정하지 못하는 여성의 모습이었다.[8] 피해자 역할을 하고, 병상을 맴돌고, 자신의 고통을 명함처럼 내미는 여성.[9]

　　상처 입은 이후의 여성들은 앞서 언급한 여성들 중 한 명이 되는 것을 피하기 위해 노력하다 결국은 분열적으로 변해갔다. 여성들은 동정받기를 거부하면서도, 그 누구도 자신들을 연민하지 않음을 아쉬워했다. 스스로를 연민하는 일은 수치스러운 자위행위

7　위의 책, 327-328쪽.
8　위의 책, 347쪽.
9　위의 책, 347-348쪽.

로, 세상과 타인들이 여성들을 연민하는 것을 가로막았기에, 여성들은 절대로 스스로를 연민할 수가 없었다.

여성들은 자기 연민이 조금이라도 섞인 감정은 무조건 거부하면서 성장했기에, 그러한 감정을 새로운 모습으로 만들어야만 했다. 그 결과 여성들은 자신이 가진 감정을 신념, 성적 난잡함, 지적 야망, 예술 등으로 만들어내기 시작했다.[10] 피해로부터의 고통을 예술로 만드는 것은 가능성이 되었으나 구원은 되지 못했다. 여성 작가들은 끊임없이 자신의 시가 개인적 고난에 대한 유아론적 표기로 받아들여질까 불안해했으며, 결국은 여성적인 것으로 분류될까 하는 생각에 시달렸다.[11]

실비아 플라스의 시 세계가 그녀가 31세로 가스 오븐에 머리를 박고 자살한 이후로 온통 자살의 예지로만 독해된 것과, 최승자의 시 세계가 그녀의 정신분열증 발병 이후로 병적 징후의 총체로만 독해된 것이 그 실례였다.[12] 여성이 비극으로부터 존재를 허락받았듯, 여성 작가의 작품들은 남성중심적 사회에서 여성의 콤플렉스와 히스테리의 결과물로만 존재를 인정받고 가치를 평가받을 수 있었던 것이다.

레슬리 제이미슨은 자신의 고통을 쓰고자 하는 여성들에 대한 비난에 다음과 같이 반박한다. 상처 입은 여성은 스테레오 타입이

---

10 위의 책, 348쪽.
11 위의 책, 350쪽.
12 김혜순(2017), 앞의 책, 105쪽.

라는 비난을 받으며, 상처의 고통에 대한 글쓰기는 고통을 페티시화한다는 비난을 받는다. 이는 때로 실제로 그러하다. 그러나 상처 입은 여성에 대한 비난으로부터 스스로를 보호하기 위하여 자신의 고통을 부인할 필요는 없다. 또한 여성 고통의 재현이 대상화의 어려움을 담보하고 있다고 해서 여성 고통의 재현을 멈출 필요 역시 없다.

여성들이 고통에 대해 계속 읽고 써 나가야 하는 이유는, 현실 사회에는 여전히 상처 입은 여성들이 있고, 상처 입은 여성들의 고통은 때로 그 자체로 진실이기 때문이다. 또한 늘 여성의 고통이 여성 고통의 재현보다 앞선다.[13] 그러므로 여성의 고통은 여전히 중요한 문제로, 늘 새롭고 낯선 것으로 여겨져야 할 필요가 있다.

상처를 드러내는 일은 새로운 인식을 제공할 수 있는 일이다. 한 여성이 받은 피해가 개인적인 것에서 공적인 것으로 바뀔 때, 유아론적인 것에서 집단적인 것으로 바뀔 때 고통은 그 자체를 넘어서기 때문이다.[14] 상처 입은 여성이 고통을 고백하는 일은 무엇보다 여성의 고통에 가시성을 부여할 수 있다. 이를 통해 우리는 사회가 여성 일반에게 가하는 폭력의 구체적 양상들을 발견할 수 있다. 또한 여성이 고통을 고백하는 일은 여성의 고통을 경멸하고 왜곡해 온 문화 구조에 반박할 수 있게 한다. 고통의 고백은 여성의 상처를

---

13 레슬리 제이미슨(2014), 앞의 책, 351쪽.
14 위의 책, 356쪽.

인정하고, 상처를 다루고, 상처를 타자화하는 구조를 찾아내는 일이기 때문이다.

상처 입은 여성이 자신의 고통을 고백하는 일은 기존의 페미니즘을 포기하거나 낡은 문화적 모델의 관음증적 재탕 속으로 후퇴하는 일이 아니다.[15] 그보다 상처 입은 여성이 고통을 말하기 위해 움직이는 과정 가운데 느끼게 되는, 다양한 욕구와 고난들을 들여다볼 수 있게 해줄 것이다. 상처 입은 여성은 고통에 대해 쓰며 상처 입은 여성 이상으로 나아갈 수 있게 된다.

상처 입은 여성의 고통스럽다는 고백은 그 여성이 영원히 고통받으리라는 의미를 갖고 있지 않으며, 그 여성에게 고통이 유일한 정체성이라는 의미도 갖고 있지 않다. 또한 상처 입은 여성은 고통을 목격할 뿐 아니라 고통을 둘러싼 더 큰 자아를 목격할 수 있는 여성 의식을 가질 수 있으며 이를 재현할 수도 있다.[16] 상처 입은 여성은 고통이 남긴 흉터를 부인하지 않고 이에 안주하지도 않으면서 그 흉터보다 더 성장하고 이를 실제로 치유할 수도 있다.

레슬리 제이미슨은 그 무엇보다 상처 입은 여성은 자신의 고통을 고백함으로써 다른 고통 받는 여성과 연결될 수 있을 것이라고 절박하게 호소한다. 그에 따르면 시인은 자신의 상처를 기록해야만 하는데, 이 세상의 상처받은 자아들은 소통 가능한 언어로 그 어떤

---

15 위의 책, 351쪽.
16 위의 책, 357쪽.

것도 표현할 수 없기 때문이다. 이는 여성의 고통의 고백이 다른 여성에게 덜 외롭다는 느낌을 주고, 다른 여성이 고통의 논리가 펼쳐지는 세계를 이해하고 이 속에서 생존해 나가는 데 도움을 줄 수 있다는 것이다.

그러므로 고통에 빠지는 것은 전혀 수치스러운 일이 아니다. 고통을 표현하고자 하는 욕망과 행위 역시 마찬가지다. 레슬리 제이미슨은 「여성 고통의 대통일 이론」을 '뒹굴기에 대한 비난에 반박하는 선언'으로 만들고자 했다고 말한다. 그에 따르면 이제 우리가 도달해야 하는 질문은 어떻게 하면 상처를 미화하지 않으면서 상처를 말할 것인지, 여성의 고통을 환상이나 운명으로 페티시화하는 문화를 만들지 않으면서 어떤 방법을 통해 여성의 고통을 재현할 것인지가 된다.

레슬리 제이미슨의 글을 읽고 여성은 작가로서 미치지 않고 자기 고통을 고백하기 어렵다는 결론을 내리게 되었다. 문제는 제이미슨의 글을 읽고 나서도 '왜 여성은 여성의 고통을 계속 쓰고자 하는가?'라는 의문이 사라지지 않았다는 점이다. 제이미슨은 고통을 쓰고자 하는 여성들에게 가해지는 비난에 담긴 여성 혐오의 작동을 분석하고, 비난에 반박하기 위해 여성이 자기 고통을 고백하는 일의 의의를 제시한다. 제이미슨의 논증 과정에서 '여성의 욕망'은 주요한 반박의 근거로 다뤄지지 않는다. 나는 '여성이 고통을 쓰는 일'을 주제로 다루면서도 여성의 욕망에 대해 말하거나 여성의 욕망이 드러나는 글을 찾고 싶어졌다.

레슬리 제이미슨은 여성이 자기 고통을 고백하는 과정 가운데 여성 혐오의 작동을 이론화하기 위해 '보편 여성'의 경험을 상정 및 서술하고 있다. 그의 글에는 특정한 위치와 입장에 놓여 구체적인 삶 속에서 고통을 읽고 쓰는 '개별 여성'의 경험은 담겨 있지 않다. 레슬리 제이미슨이 윗글의 말미에서 시인에게는 상처를 기록하고 고통을 고백할 의무가 있다고 이야기했을 때, 나는 여성 시인으로서 상처를 기록하고 고통을 고백했던 과거의 경험을 떠올려 보았다. 현실 여성에게 여성 혐오는 다른 층위의 억압과 얽히고 중첩된 채로 가해진다. 제이미슨이 시인에게 지운 이 아름다운 의무는 어떠한 구체적 상황 속에서 어떻게 행해지고 있을까?

마지막으로 레슬리 제이미슨의 글을 읽고 나는 다음의 질문에서 벗어날 수 없게 되었다. 구체적 삶 속에서 고통을 읽고 쓰는 과정이 필연적으로 여성이 나르시시즘과 자기 연민에 빠져들도록 만든다면 여성이 자신 혹은 자신과 닮은 여성들을 향해 느끼는 혐오, 애착, 연민 등의 감정은 삭제되거나 극복되어야 하는 것이 아니라 여성이 여성으로서 평생에 걸쳐 다루고 사유해야 하는 것으로 보인다. 어떻게 해야 고통과 죽음이 아니라 고통으로부터의 연대와 삶의 가능성으로 나아갈 수 있을까?

정리하자면 레슬리 제이미슨의 「여성 고통의 대통일 이론」을 재구조화해 읽는 작업을 통해 나는 총 세 가지의 질문을 얻게 되었다. '왜 여성은 여성의 고통을 계속 쓰고자 하는가?'라는 '여성의 욕망'에 대한 탐구로 뻗어나가는 의문, '여성 시인의 삶에서 상처를 기록하고 고통을 고백하는 일은 어떻게 행해지고 있는가?'라는 여성이 작가로서 구체적 조건들 속에 놓여 있을 때 여성 혐오가 어떠한 양상으로 가해지는지 이에 여성이 어떻게 대응하는지를 살펴보고자 하는 바람, '어떻게 해야 고통과 죽음이 아니라 고통으로부터의 연대와 삶의 가능성으로 나아갈 수 있을까?'라는 고통을 읽고 쓰는 여성 작가로서 평생 돌보고 사유해야 할 실존적 질문이자 명제까지.

나는 세 질문을 모두 탐구하지도 해결하지도 못했다. 다만 나와 같이 '여성', '고통', '시' 등을 탐구하였던 선배 여성 문인들의 글을 살펴보던 중, 앞선 세 질문을 한 차례 탐구할 수 있는 텍스트인 김혜순의 시론『여성, 시하다』를 발견하였다. 김혜순은 1979년 계간『문학과지성』을 통해 시단에 나왔다. 시 창작뿐 아니라 이론, 비평 창작을 통해 '여성 시론'을 개진해 온 바 있다. 김혜순은 자기 고통을 고백하는 시를 써 온 시인은 아니나 여성의 고통을 이야기하는 시를 써 온 시인이다. '90년대 여성시'의 의미를 구성하기 위해 남성중심적인 한국 문단의 여성 시인과 여성시에 대한 폄하와 조롱에 맞서기 위해 애썼던 김혜순에게 '여성 시인', '여성시', '페미니즘', '고통', '고백' 등은 늘 주요하게 사유하고 논해야만 하는 대상들이었다.

여성 시인으로서 여성의 고통을 이야기하는 시를 쓰며 내가 늘 받아야 했던 몇 가지의 질문들이 있다. 김혜순이 참여한 작업을 살펴보며 놀랐던 점은 그 역시 같은 질문을 받았었다는 것이다.

이는 여성 시인들에게 여성 혐오적 질문들이 '시'와 '시적인 것'의 외피를 쓰고 세대를 넘어 반복적으로 가해진다는 것을 보여준다. 나를 시와 시적인 것으로부터 한발 물러나게 만들었던 질문들에 김혜순은 어떻게 답해 왔을까? 김혜순의 기존 작업을 바탕으로 하여 '여성'과 '시'가 만나는 지점에서 제기되었던 질문들과 그에 대한 답변들을 한 차례 정리하는 일을 통해, 나는 이러한 질문들에 내재된 여성 혐오를 분석하고 싶었다. 또한 외부의 공격에 대한 대응을 넘어 '여성 시론'의 구성으로 나아간 김혜순이라는 선례를 살펴보고 싶었다.

이 글의 1절이 여성이 자기 고통을 고백하는 과정에 여성 혐오가 개입하고 작동함에 주목했다면, 이 글의 2절은 구체적 삶의 맥락에서 보다 복잡하고 치밀해진 여성 혐오의 공격을 여성이 끊임없이 돌파해 왔음에 주목하였다. 여성 존재의 외부로부터 가해져 여성의 내면에까지 영향을 끼치는 폭력적 힘이 아니라 이에 응전해 나가는 여성 주체의 힘에 초점을 두고자 하였으며, 이로써 '여성이 여성의 고통을 쓴다는 것'이라는 주제를 다시 고찰해 보고자 하였다. 이 글의 2절에서는 '여성 시인은 여성시를 둘러싼 오해와 질문을 어떻게 돌파해 나가는가?'라는 질문을 탐구해 보고자 한다. 우리는 김혜순의 여성 시론을 따라가며, 존재론적 탐구를 통해 '여성'과 '시'를 급진적으로 연결하고자 했던 한 여성 시인의 욕망을 느껴볼 수 있을 것이며, 그가 여성의 나르시시즘과 자기 연민 문제를 어떻게 다루고자 시도했는지 역시 살펴볼 수 있을 것이다.

2. 여성 시인은 여성시를 둘러싼 오해와 질문을 어떻게 돌파해 나가는가?[17]

여성 시인으로서 여성시를 해 온 김혜순은 어느 날 자신과 자신의 시에 수백 겹의 오해의 외투가 입혀져 있음을 발견한다. "여성이라서 더 그렇게 된 건 아닌가 하는 생각이 없지 않았다."[18] 왜 그냥 '시'가 아니고 '여성시'냐고 묻는 질문에서부터 여성 시인의 여성시 쓰기는 제 얼굴을 세우려고 하는 짓 아니냐는 오해까지.[19] 여성이기에 오랜 시간 여러 차례 받아야 했던 오해와 질문들은 '여성이 시한다는 것은?'이라는 하나의 궁극적인 질문으로부터 파생된 것들이다. '여성이 시한다는 것은?'에는 여성은 시 장르를 할 수 없는 존재라는 생각 따라서 여성이 시 장르를 할 수 있는 존재인지 증명해 보라는 요구가 담겨 있다. '여성이 시한다는 것은?'으로부터 파생된 수백 겹의 오해와 질문에 맞서 나가는 과정 가운데 김혜순은 '여성이 시한다는 것은?'이라는 질문을 스스로 던지기에 이른다.

'시'와 '여성'이 만나는 지점에서 질문들은 제기되었다. 첫째, 여성 시인이 여성의 고통을 이야기하는 여성시의 '의미'란 무엇인가? 여성시의 의미는 페미니즘 사상의 표현에 있는 것인가? 이 질문에는 여성 시인이 여성의 고통을 이야기하는 여성시는 단일한 페미니즘 사상의 반복적 표현 외에는 의미를 지니고 있지 않다는

---

17 김혜순의 단어와 문장을 적극적으로 옮겨 서술한 경우에는 각주로 페이지를 표시하였다.
18 김혜순(2017), 앞의 책, 228-229쪽.
19 위의 책, 229쪽, 234쪽.

생각이 담겨 있다. 이 질문에 담긴 생각은 곧잘 '여성시는 시적이지 않다.'라는 주장으로 이어지곤 한다.

김혜순은 여성시가 품은 함의를 따로 논구해 보는 것, 여성시의 고유한 의미들을 객관화하고 분류하는 것은 매우 어려운 일이라고 대답한다.[20] 기존의 시의 의미를 해독하는 방법들을 통해서는 여성시의 의미를 긁어낼 수 없기에, "여성시가 씌어지던 그 순간과 만나는 새로운 발성기관, 새로운 발성법에 대한 해독이 필요하다."[21]

또한 여성시의 의미는 페미니즘 사상의 표현에 있는 것이냐는 질문을 받고 김혜순은 질문자에게 당신은 페미니즘을 무엇이라고 생각하느냐고 역으로 묻는다. 김혜순은 페미니즘은 인식론이 아니라 존재론이라고 생각하는데, 인식론으로 생각하다 보면 페미니즘은 사회학이 되어 문학과는 관계없는 것이 되어버리기 때문이다.[22] 페미니즘을 인식론적인 것으로 보아 여성시의 의미를 남성적인 혹은 가부장적인 것에 대한 투쟁만으로 읽어서는 안 되며, 시에 관한 한 페미니즘 연구는 여성적 존재가 발현하는 소리를 듣는 것 여성적인 언술 방식의 특성에 주목하는 것이 되어야 한다.[23] [24]

---

20 위의 책, 139쪽.
21 위의 책, 같은 쪽.
22 김혜순 · 이광호, 「소용돌이치는 만다라」, 『문학과사회』 10(2), 1997, 748쪽.
23 위의 글, 같은 쪽.
24 김혜순은 1990년대 여성 시인들의 여성시가 이전 세대 여성 시인들의 여성시와는 다른 새로운 시적 언술 방법을 개발해 냄으로써 여성주의적 시각틀을 인식론에서 존재론으로 전환하였다고 본다. (김혜순, 「1990년대의 시적 현실, 어디에 있었는가」, 『"근대", 여성이 가지 않은 길』, 또 하나의 문화, 2001, 120쪽.)

둘째, 여성 시인이 여성의 고통을 이야기하는 여성시의 '형식'이란 어떠한가? 여성시는 곧 개인적 심정의 고백인가? 이 질문에는 여성 시인이 여성의 고통을 이야기하는 여성시는 일인칭 고백의 형식만을 띠므로 사적 감정에의 주력과 피력 이상이 될 수 없다는 생각이 담겨 있다. 이 질문에 담긴 생각은 곧잘 '여성시는 감상적이다. 여성시는 시적이지 않다.'라는 주장으로 이어진다.

김혜순은 여성시의 고백은 시적 표현 전략의 하나로 이해되어야 한다고 대답한다. 여성시의 문체 중 하나인 고백체 역시 고백과는 다르게 이해되어야 하는 것이다. 고백체는 하나의 진술 방법일 뿐 체험 그 자체가 아니며, "고백체의 시에서 고백은 일차적 경험의 직접 진술일 수도 있지만 전혀 다르게 간접적 경험과 사고의 의식화된 노출이라고 볼 수도 있는 것이다."[25] 최승자의 시 역시 비명과 슬픔의 고백적인 자기 노출로 볼 것이 아니라 자아와 외부의 갈등 관계를 극적으로 표현하기 위해 고백체를 전략적으로 사용한 것으로 보아야 한다.[26]

여성은 차별과 혐오와 폭력과 억울과 제외에 늘 노출된 존재 따라서 식민지인 의식이 내면화된 자기 소외나 비하, 부정, 수동성에 빠져 허우적거리는 존재이다.[27] 여성 존재에 새겨진 고통은 여성이 이 세상에 소리를 내는 방식과 그 소리 자체에 특정한 흔적을

---

25 김혜순, 「페미니즘과 여성시」, 『또하나의 문화』 9호, 또 하나의 문화, 1992, 222쪽.
26 위의 책, 223쪽.
27 김혜순(2017), 앞의 책, 229쪽.

남긴다. "여성시인들이 쓰는 존재론적이고도 방법론적인 그 시적 발성의 주름 깊은 곳에 어떠한 심리적인 왜곡이나 피해자 의식, 악전고투가 숨어 있는지 따로 밝혀보아야 할 이유가 있다고 생각한다."28

여성시의 형식을 이해하는 일은 여성 시인이 자신의 고통을 고백체를 통해 전하고 있음을 알고 그 고백의 내용을 낱낱이 살펴보는 일로부터 이루어지지 않는다. "여성시는 왜 가상의 피륙을 짜고 있는지, 텍스트의 짜임 속에 비밀을 감추고, 수치를 일구기 위해 어떠한 방법으로 위장하는지, 어떻게 다른 시적 영토를 발견하고 그 장소를 운행하는지, 화자의 설정과 그 문체의 결과 틀의 구축이 고백의 내용보다 더 한 고백인지, 그리고 그것이 어떻게 해방이 되는지, 심지어 장소 없는 장소에서 어떻게 탈주체화를 실현하는지, 혹은 그 자리에서 공동체마저 꿈꾸고 있는지"29를 들여다보는 일로부터 시작될 수 있는 것이다.

'여성은 시 장르를 할 수 없는 존재이다', '여성시는 시적이지 않다'와 같은 주장에는 여성 혐오가 깔려 있다. 여성 시인과 여성시 앞에서 이제 여성 혐오는 '시'를 중심에 두고 작동한다. 그런데 '시'란 무엇이며 '시적인 것'이란 무엇일까? 또한 '여성 시인'과 '여성시'는 어떻게 이해되기에 '시'와 '시적인 것'과는 먼 것으로 여겨지는

---

28 위의 책, 229-230쪽.
29 위의 책, 230쪽.

것일까? 김혜순은 이 개념들의 내부를 채우고 있던 기존의 관념들을 비우고 그 내부를 시론 쓰기를 통해 새롭게 구성해 나간다. 김혜순은 여성 시인으로서 여성의 고통을 이야기하는 시를 써 온 경험을 중심에 두고 바리데기 이야기, 타자 철학, 여성적 글쓰기 개념 등을 도입해 여성 시론을 써 나간다.

　여성 시론에 따르면 여성은 태어나는 것이 아니라 되는 것이다. 세상에 태어나 여성이라는 이유로 버림받고, 쫓겨나고, 죽임을 당하게 되면서 존재는 여성이 된다. 국가, 가정, 공동체 안에서 여성으로서 관계 맺고 여성으로서 노동하면서 존재는 다시금 여성이 된다. 여성이 된다는 것은 존재로서의 죽음을 경험한다는 것이다. 자신이 자아 동일성을 지닌 자율적 주체가 아니라는 것, 자신이 타자와의 상호작용을 통해 구성되고 지속되는 존재라는 것을 깨닫고 수용하게 되는 것이다.

　여성 시인은 자신의 몸속에 한 여자가 갇혀 있다고 느끼며 그 여자가 울부짖고 헐떡거리는 소리 그 여자가 낳은 아이가 우는 소리를 듣는다. 몸속의 여자가 고통스러워하는 소리가 귀에 들리는 날이면 여성 시인은 자신의 몸으로 시한다고 느낀다. 여성 시인은 고통받은 넋들의 이야기를 세상에 전하고자 하지만 여성 시인은 글쓰기의 역사로부터 배제된 존재, 모국어의 상징체계로부터 추방된 존재이다. 언어의 불가능성을 껴안고 여성 시인이 이 세상의 서사, 아버지의 말씀에 갇힌 수많은 여성들을 생각하고 구하고 품에 안고 시라는 노래로 다시 살려내고자 할 때 여성시가 탄생한다.

여성 시론에 따르면 여성시에는 유령 화자가 존재한다. 여성의 몸에는 매일매일 성적인 정체성이 표기된다. 여성의 몸은 문화적 상징들 혹은 억압적 상징들이 적힌 채로 박제된다. 여성 시인은 이 견딜 수 없는 성적인 정체성을 벗어나려고 초월해 보려고 애쓴다. 스스로의 몸을 해체하는 '유령적 해체'를 집요하게 개진한다. 성적인 정체성이 새겨진 몸의 해체는 여성 화자, 청자의 몸을 유령의 몸으로 상정함으로써만 가능해진다. 몸에 새겨진 문신 같은 말을 걷어내기 위해서는 자신의 죽음이 담보되어야 하는 것이다. "언어 제도에 의한 죽음과 언어 제도의 벽을 깨고 나감으로써 자신만의 언어를 발화해야 하는 수행으로서의 죽음, 이 둘 사이의 틈을 통해 여성 시인의 시가 탄생"[30]하게 된다.

"유령적 해체의 문법은 기존의 언어로는 설명할 수 없는 다성적 목소리, 복수 화자의 목소리, 화자들을 품었다가 다시 내뿜는 기괴한 모성의 목소리로 구현된다. 이 목소리들이 여성시는 고백시일 수밖에 없다는 항간의 불문율을 해체한다."[31] 유령적 해체의 목소리는 "여성의 몸에 내려진 천형인 죽음의 언어 체계"[32] 즉 기존의 이분법적 언어 체계를 자발적으로 전유함으로써 발생된다. 유령적 해체의 목소리가 죽음의 언어 체계를 온몸으로 작동시킨 곳에 언어들이 흩어져 내린다. 이 언어가 여성 화자가 타자들과 함께

---

30 위의 책, 140쪽.
31 위의 책, 191쪽.
32 위의 책, 같은 쪽.

거주할 공간을 끊임없이 확장한다. 여성 화자는 타자들과 경계 없이 접촉하게 된다.

유령적 해체의 목소리로 말하기는 김혜순 시의 운명이기도 했으나 선택이기도 했다. 유령적 해체의 목소리가 고백적 언술에 머무르지 않으며 타자들과 함께 거주할 공간을 여는 것이었기 때문이다. 고백적 언술의 사용은 자기 고통에의 몰입을 심화하였고 시인이 나르시시즘과 자기 연민에 붙들릴 수밖에 없도록 만들었다. 김혜순은 고백적 언술의 과다 사용이 시인에게 병을 불러올 위험이 있다는 것 역시 분명히 인지하고 있었다. "시적 언술 가운데 고백적 언술의 과다 사용은 고백하는 당사자의 실패감과 그에 따른 심리적 질환을 불러오기 마련이었다."[33]

고백이 아니라면 어떻게 고통을 표현할 것인가? 고통은 언어에 대항하고 언어를 분쇄한다.[34] 이 대항과 분쇄가 언어를 시적 언어로 재탄생시키려 한다.[35] 고통으로 인해 감각기관이 빛을 잃고 소멸하는 순간의, 마지막으로 타오르며 눈으로 볼 수 없는 곳을 보게 해 주는 그 빛을, 시에 담아내는 방식으로 김혜순은 쓴다.[36] 언어의 죽음과 나의 죽음을 거쳐 '너'를 끊임없이 발견하고자 할 때 김혜순

---

33 위의 책, 103쪽.
34 김혜순·정용준, 「어느 시간의 맥박들」, 『Axt』 25호, 은행나무, 2019, 59쪽.
35 위의 글, 같은 쪽.
36 김혜순·조하혜, 「고통에 들린다는 것, 사랑에 들린다는 것」, 『열린시학』 Vol.11 No.2, 고요아침, 2006, 32쪽.

시의 정치성이 발생한다. "저는 시라는 것이 '나'의 죽음이라는 보이지 않는 쳇바퀴로 체제라는 잔혹성에 맞서보는 것, 죽음이라는 최대한의 부정성 속으로 몸을 들이미는 것이라는 생각이 났더랬습니다."37 김혜순은 '여성'과 '시'를 '부정성'을 중심에 두고 잇는다. 죽음의 자리에 여성과 시가 있다.

김혜순은 여성 시인과 여성시의 존재의 의미를 바리데기와 바리의 노동의 존재의 의미에 덧대어 설명한다. "그럴 때 나의 시는 이름을 버린 자가 이름 없는 자에게 한없이 나아가는 파동 위에 뜬 한 척의 배와 거기서 들려오는 노래 같으리라. 반대로 저쪽에서 파동을 타고 거슬러 비밀의 골짜기로 다가오는 바리의 목소리 같으리라."38 바리는 죽음의 자리로 들어가 이름 없는 자들을 위해 노동한다, 그곳에 바로 시가 있다. "그러나 그 엄혹하고 더러운 자리에서 죽음을 싣고 다시 노를 저어 저 강을 건너는 (시하는) 곳에 시가 있는 것은 아닌가?"39

* * *

자신의 상처를 드러내는 일을 통해 이 세계에 틈을 내고자 했던 여성 작가들은 그 대가로 마녀로 분류되었다. 독자들이 만든 신화

---

37 김혜순·조재룡, 「지금-여기, 시가 할 수 있었던 것들, 시가 해야만 했던 말들」, 『문학동네』 제23권 제2호(통권 87호), 문학동네, 2016, 34쪽.
38 김혜순(2017), 앞의 책, 47쪽.
39 앞의 책, 234쪽.

에 덧씌워진 마녀와 그의 작품들은, 오늘날 현실로 돌아오지 못하고 박멸의 위기에 처해 있다.[40] 마녀들에 대한 소문만 무성한 가운데, 그들의 책을 읽고 자란 우리 여성들은 다시금 이 세상에 여성의 고통을 전하고자 하고 있다. 이 글에서는 영원한 죽음 속에 박제된 마녀와 그의 책들을 바라보며 내가 떠올리게 된 몇 가지 질문을 함께 나누고자 하였다.

여성은 늘 오해와 질문에 둘러싸인다. 자기 고통을 고백하는 글쓰기를 진행해 가는 과정에서도, 여성 시인으로서 여성시를 쓰며 활동해 가는 과정에서도 그렇다. 마녀의 존재와 책들로부터 언어를 얻게 된 여성들이 오늘날에도 여전히 조금씩 여성의 고통을 세상에 전하기 위해 움직이고 있다. 그러한 일이 수백 겹의 오해와 질문의 한가운데로 들어가는 일임을 분명히 알면서도 말이다. 레슬리 제이미슨과 김혜순의 글은 마녀가 되는 일이 죽도록 두려운 나와 같은 여성 작가에게 생각하는 법, 분석하는 법, 응전하는 법을 가르쳐 준다. 그리하여 결국 내 손엔 마녀의 언어와 지혜가 주어지고 만다. 자기방어적인 의문은 계속되지만 욕망은 부정할 수 없도록 말이다.

---

40 앞의 책, 105쪽.

참고문헌

김혜순, 「페미니즘과 여성시」, 『또하나의 문화』 9호, 또하나의문화, 1992.

_____, 「1990년대의 시적현실, 어디에 있었는가」, 『"근대", 여성이 가지 않은 길』, 또하나의문화, 2001.

_____, 『여성, 시하다』, 문학과지성사, 2017.

김혜순·이광호, 「소용돌이치는 만다라」, 『문학과사회』 10(2), 1997, 744-754쪽.

김혜순·조하혜, 「고통에 들린다는 것, 사랑에 들린다는 것」, 『열린시학』 Vol.11 No.2, 고요아침, 2006, 18-43쪽.

김혜순·조재룡, 「[대담] 지금-여기, 시가 할 수 있었던 것들, 시가 해야만 했던 말들」, 『문학동네』 제23권 제2호(통권 87호), 문학동네, 2016, 7-49쪽.

김혜순·정용준, 「어느 시간의 맥박들」, 『Axt』 25호, 은행나무, 2019, 40-77쪽.

레슬리 제이미슨, 「여성 고통의 대통일 이론」, 『공감연습』, 오숙은 옮김, 문학과지성사, 2014, 304-360쪽.

여성의 재현에서 죽음과 마녀화의 관계:

영화 〈죽여주는 여자〉를 중심으로

오김숙이

우리시대의

마녀

매혹적인 두려움은 어떻게 세상을 바꾸는가

1. 들어가며[1]

최근 우리사회에서 젠더를 기반으로 이루어지는 폭력으로서 '젠더 폭력'에 대한 문제의식은 페미니즘 리부트와 함께 크게 확산되어 왔다. 매년 대검찰청에서 발행하는 「범죄분석」 자료는 범죄의 피해자와 가해자가 성별에 따라 뚜렷하게 나눠지고 여성이라는 이유로 폭력과 죽음을 당하는 '젠더폭력'과 '페미사이드(femi-cide)'의 현실을 증명해준다. 또 코로나19 시기에 전 세계적으로 사람들의 외부활동은 감소하고 각국의 주요 범죄가 감소했지만 가정폭력은 오히려 증가했다.[2] 코로나19 시기 여성들이 겪는 위험이 확대되고 있으며, 그 가운데 하나로 젠더폭력의 팬데믹이 동반되는 전 세계적 현상이 드러나 초국적인 페미니즘적 연대가 필요하다는 문제의식이 확산되고 있다. 김지민(2021)에 의하면, 특히 남반구 국가들은 정치적 불안, 불충분한 인프라와 자원, 만연한 실업, 경제적 어려움과 교육 불평등의 문제가 교차하고 있어 코로나19는 더욱 재앙적인

1 이 글은 2022년 대한민국 교육부와 한국연구재단의 지원을 받아 수행된 연구임(NRF-과제번호)(NRF-2022S1A5B5A17046361).
2 윤상연 · 백승경 · 신상화, 「코로나 시대, 가정폭력은 증가했을까?」, 한국심리학회, 『한국심리학회 학술대회 자료집』, 2020.

영향을 미치고 있다.3 알-알리(Al-Ali, N.)는 남반구 국가의 여성들이 경험하고 있는 코로나19 시기의 어려움과 이에 대한 페미니스트들의 대응을 논의하고 있다.4 또 팬데믹이 지난 젠더 효과에 대한 분석이 진행되고 있다. 김효정은 세계적 재난으로서 코로나19 팬데믹이 가정폭력, 여성에 대한 폭력과 어떻게 연관되는지 주목하며, 각국 실증자료를 바탕으로 코로나19 시기 가정폭력, 여성에 대한 폭력이 발생하는 양상을 보여준다.5

우리사회에서 젠더폭력의 문제가 페미니즘 이슈로 부각되면서 젠더폭력은 문화적 재현을 통해서도 더욱 주목받고 있다. 더구나 많은 영화나 드라마에서 남성 악인이 다양하게 등장하며 마치 '우리 모두'가 '여성 피해자/남성 가해자'라는 성별화된 구도를 알고 있다는 듯 앞뒤 설명이 생략된 채 이야기가 전개된다. 반면, 영화나 드라마에서 여성 악인이나 여성 킬러를 접하기는 쉽지 않은데 좀처럼 개연성을 얻기 어렵기 때문이다. 또 같은 이유로 현실에서 벌어진 여성에 의한 살인이나 인명 사건은 세간의 이목을 집중시키곤 한다. 예를 들어 2019년에 계획적이고 주도면밀하게 전남편을 살

---

3 김지민, 「코로나19, '젠더 폭력의 팬데믹'을 동반하다」, 프레시안, 2021. 11. 11. https//www.pressian.com/pages/articles/2021111023174929148(검색일: 2023. 6. 30).
4 Al-Ali, N., Covid-19 and feminism in the Global South: Challenges, initiatives and dilemmas. *European Journal of Women's Studies*, 27(4), 2020, 333-347.
5 김효정, 「코로나19와 가정폭력: 팬데믹의 젠더화된 효과」, 한국여성정책연구원, 『여성연구』, 107: 4, 2020.

해한 고유정 사건은 매우 이례적이고 극악무도한 사건으로 큰 화제가 되기도 했다. 이 같은 우리사회의 현실과 문화적 재현물은, 김민정 등의 연구에서 분석하고 있는 것처럼 2016년 강남역 10번출구 여성살인사건 등을 지나며 우리사회의 젠더폭력과 페미사이드, 즉 단지 여성이라는 이유로 폭력과 죽임을 당하는 현실에 대한 인식이 확대된 결과라는 점에서 역설을 품고 있기도 하다.[6]

한편 2016년 개봉된 이재용 감독의 영화 <죽여주는 여자(The Bacchus Lady)>에는 박카스 할머니인 주인공 소영이 문자 그대로 '죽여주는 여자'로 등장한다. 그녀는 남성 노인들을 상대로 성노동을 하며 죽여달라고 부탁하는 '고객'을 죽여준다. 이 영화는 성서비스를 잘하는 여자를 의미해온 '죽여주는 여자'에 여자 킬러의 의미를 부가한다. 현대 한국사회에서 살인과 폭력, 최근 공론화된 디지털 성범죄에 이르기까지 여성은 주로 피해자/희생자이지만, 소영은 킬러로 등장해 (남성) '손님'을 죽여준다. 우리사회에서 여성은 데이트폭력과 가정폭력에서 2016년 강남역 여성살해까지 다양하고 무수한 젠더폭력의 피해자로, 또 그 가운데 성노동자 여성이나 박카스 할머니같이 여성 중에서도 매우 주변부에 놓인 하층계급 여성들은 젠더폭력의 피해자가 될 확률이 높은 현실이지만, '죽여주는 여자' 소영은 여자 킬러로 재현된다.

과연 젠더폭력과 페미사이드 현상이 주목되는 우리사회의 현

---

6 김민정 외, 『누가 여성을 죽이는가―여성혐오와 페미니즘의 격발』, 돌베개, 2019.

실에서 동시에 여성 성노동자가 킬러가 되는 이유는 무엇이며 이를 가능케 하는 사회적 담론과 인식은 무엇일까? 이는 성노동자 여성을 규범적 여성성을 위반하는 '창녀', 요부이자 '악'의 현현인 '마녀'로 구성해내는 '마녀화'라는 교차하는 현실과 관련이 있다. 이러한 맥락에서, 이 글은 성노동자 여성이 '죽여주는 여자'가 되는 사회적 맥락과 젠더폭력과 페미사이드가 일어나는 사회현실을 매개하는 담론과 문화적 측면은 무엇인가라는 질문에서 출발하고 이를 탐구할 이론적 자원을 살펴보고자 한다.

한 가지 부언하자면, 우리사회에서 젠더에 기반한 폭력(gender-based violence)에 대한 인식은 비단 2015년 '페미니즘 리부트' 이후로 한정되는 게 아니라 그 이전 시기와의 연속선에서 이해할 필요가 있다. 주지한 것처럼, 젠더폭력과 페미사이드 개념은 2015년경 페미니즘 의식이 대중적으로 급격히 확산되는 과정에서 새로운 국면과 중요한 성과를 맞게 되었다. 따라서 '페미니즘 리부트' 이후에 해당 개념과 담론이 발명된 것처럼 바라보는 것은 매우 단절적인 사고이다. 그/녀가 '여성이기 때문에', 즉 '특정한 젠더'라는 이유로 폭력을 당하거나 죽음에 놓인다는 인식은 1980~90년대 '성폭력', '성희롱', '가정폭력'에 주목하고 개념화한 여성운동과 페미니즘 담론의 연속선에서 단단하고 폭넓게 형성될 수 있었다. 이 글에서 주요하게 분석하는 영화 <죽여주는 여자>는 페미니즘 리부트 이후의 문제의식을 단적으로 드러내는 문화적 재현물은 아니다. 하지만 박카스 할머니인 여성 성노동자가 주인공인 영화로, '여성'이라는 젠더 중에서도 하위계층에 놓여있는 성노동자인 '박카스 할머니'를 둘러싸고 작동하는 문화적 재현과 죽음에 대한 연관성을 읽어내기에 적합하다. 나아가, 이 영화는 우리사회에서 '여성'이라는 젠더를 괴롭히며 여전히 혐오를 재생산하는 '창녀 대 성녀'라는 오래된 이분법적 담론이 작동하는 현실에서, '성노동자 여성'에 대한 문화적 재현이 어떻게 여성이라는 젠더에 대한 혐오적 인식과 연결되는지 또한 유추할 수 있게 한다.

요약하면, 이 글은 젠더폭력과 페미사이드 현상이 주목되는 상황에서 여성과 죽음의 관계가 문화적으로 어떻게 구성되고 재현되는지를 살펴보고자 한다. 이를 위해, 영화 <죽여주는 여자>를 중심으로 여성과 죽음이 연관되는 방식을 분석하고, 구체적으로 여성의 재현에서 죽음과 마녀화가 갖는 의미와 연관관계를 탐구한다. 젠더폭력과 페미사이드 현상이 주목되는 상황에서 여성의 죽음이 문화적으로 어떻게 재현되어왔는지 여성의 죽음이 재현되는 방식, 여성과 죽음이 연관되는 방식을 살펴본다.

나아가 여성이 비인간 또는 동물, 마녀로 상상되고 연결되는 혐오적 인식의 측면을 살펴보며, '시체' 또는 '죽임을 당함' 대 '여자 킬러'라는 이분법을 가능하게 하는 인식체계의 모순과 그 사이를 잇는 잃어버린 지점들을 찾아보고자 한다. 특히, 수나우라 테일러가 제기한 '동물화와 마녀화의 관계'에 관한 논의와 실비아 페데리치가 주목한 '마녀사냥의 경제적 성격'에 대한 논의를 살펴보고, 매춘/성매매/성노동7을 재현해온 윤리적 담론과 문화적 의미, 즉 여성의 마녀화에 의해 가려져 온 도덕경제의 측면을 분석할 필요성을 제안하고자 한다. 마지막으로, 이 글에서는 현실에서 벌어지는 젠더폭력과 페미사이드의 연장으로 드라마나 영화 등 문화적 재현물을 통해서도 지속되어온 "스크린 페미사이드"[8]를 넘어설 가능성 또한 엿보고자 한다.

2. 젠더폭력과 페미사이드 그리고 여자 킬러의 등장

앞서도 언급한 것처럼, 우리사회의 현실은 범죄의 가해자와 피해자가 성별화된 양상을 보여주며 여성이기 때문에 강력범죄의 피해자가 되거나 살인을 당하는 양상이 지속되고 있다. 실제로 매년 대검찰청이 발행하는 통계자료인 「범죄분석」을 바탕으로 한국여성정책연구원이 발표한 피해자의 성별 현황을 보면, 살인, 강도, 강간, 방화, 폭력 등 강력범죄 가운데 폭력을 뺀 '흉악 강력범죄' 피해자 가운데 여성이 다수이며 2011년 이후부터 최근까지는 80퍼센트를 상회하고 있음을 확인할 수 있다.

---

7 매춘/성매매/성노동의 의미와 용어의 사용과 관련해서는 다음 글들을 참고할 수 있다. 고정갑희, 『성이론—성관계 성노동 성장치』, 여이연, 2011; 오김숙이, 「젠더·노동 프레임과 여/성노동자의 재현」, 부산대 여성연구소, 『여성학연구』 27: 1, 2017, 7-34쪽.
8 손희정, 「여성의 이야기는 어디로 갔는가」, 『누가 여성을 죽이는가』, 돌베개, 2019.

표 1. 강력범죄(흉악) 피해자의 성별 현황 (1995~2014년) [9]

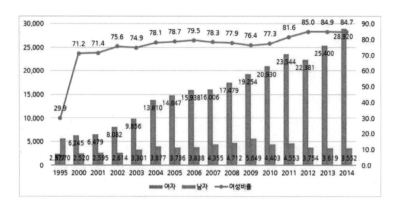

표 2. 강력범죄(흉악) 피해자 성별 현황 (2015~2021년)[10]

단위: 명(%)

구분	2015년	2016년	2017년	2018년	2019년	2020년	2021년
여성	29,617 (89.4)	27,542 (89.2)	30,490 (89.8)	29,313 (89.2)	29,304 (89.3)	27,640 (89.2)	28,228 (87.6)
남성	3,528 (10.6)	3,326 (10.8)	3,447 (10.2)	3,538 (10.8)	3,527 (10.7)	3,349 (10.8)	4,014 (12.4)

우리사회에서 범죄가 성별화되어 발생한다는 인식은 여성이 겪는 현실의 불평등과 억압에 대한 인식이 크게 확산되는 계기를

9 김지은, 「이유있는 언니들의 분노… 통계로 짚어봤습니다」, 『한겨레』, https://www.hani.co.kr/arti/society/women/745187.html (검색일: 2023. 4. 26).
10 대검찰청 「범죄분석」; 한국여성정책연구원 성인지 통계에서 재인용하고 비율을 계산함. https://gsis.kwdi.re.kr/gsis/kr/stat/StatDetail.html?stat_seq=18&menuId=2003102&rootId=2003000 (검색일: 2023. 4. 26)

형성한 2000년대 중반 페미니즘 리부트의 성과이다. 하지만, 이러한 인식이 범죄스릴러 장르 등 문화적 재현물에서 '이유 막론하고' 성별화된 재현으로 반복되어 나타날 때 그 현실 자체를 재생산하는 데 이바지하는 부정적인 효과를 낳을 수 있다는 점에서 아이러니가 되기도 한다. 또 수많은 범죄스릴러 장르에서 현실의 젠더 편향적 범죄를 재현하면서 남성중심적 시선을 바탕으로 만들어질 때 '젠더 (에 기반한) 폭력의 현실에서 살아가는 사람들에게 성별에 따라 다른 효과를 낳을 수 있다는 점을 간과해선 안 된다. 예를 들어, 2003년 개봉되어 500만 관객이라는 흥행을 일으킨 '살인의 추억' 은 2019년에야 '이춘재 연쇄살인사건'으로 밝혀진 화성 여성연쇄 살인사건을 추적해 1980년대의 미제사건을 전 국민적으로 재인식시켰다. 이 영화는 스릴러 장르면서도 당시 사회상에 초점을 맞춘 사회풍자와 함께 평론가들에게 극찬을 받았으며 여전히 대표적인 스릴러영화로 꼽히고 있다. 오랜 시간이 지났지만, 당시 이 영화를 개봉관에서 보고 너무나 강한 여운이 남아 두려움과 착잡함을 안고 귀가했던 기억이 새록새록 난다. 저마다 처한 상황에서 범죄스릴러 물을 보고 느끼는 감정은 다양할 수 있지만, 시스젠더 여성으로 살아가는 내게 이 같은 스릴러물은 여성에 대한 감정이입과 그로 인해 두려움과 불편함을 느끼게 되기도 한다.

범죄스릴러 장르물들이 현실을 단편적으로 반영하거나 남성중심적 시선이나 서사로 그려질 때 여성 관객의 두려움이 재생산되고 현실의 젠더 편향적 피해/가해의 양상을 더욱 강화하는 부정적 효과를 낳는다는 점을 부가적으로 인지할 필요가 있다. 즉, 문화적 재현물과 현실 사이에는 간극이 있지만 상호구성적이라는 점에서, 단지 현실을 반영하는 게 아니라 다시 현실을 재구성하는 효과까지 염두에 두고 재현을 고민해야 한다. 이런 점에서, 2016년 크리스티 게바라-플래너건(Kristy Guevara-Flanagan) 감독의 <시체가 된 여자들(What Happened to Her)>이 시사하는 바가 크다. 이 작품은 제14회 여성인권영화제에 상영되어 한국에 소개된 바 있다. 이 작품은 여자 시체가 영화 속에서 재현되는 장면들과 시체를 연기하는 여성 배우의 인터뷰만으로 이루어진 15분 분량의 다큐멘터리이다. 이 다큐는 수많은 작품에서 단지 죽음이라는 기호이자 상징으로 다뤄질 뿐 주목되지 못한 '여자배우들'은 '시체가 된 여자들'이 되어 '어떤 경험을 겪는가?'를 질문하며 영화라는 문화적 재현의 장을 통해 어떻게 '스크린 페미사이드'가 일어나고 있는지를 문제시한다.

최근 범죄스릴러물 가운데에서 주로 '시체가 되는 여성들' 또는 '스크린 페미사이드'를 넘어설 가능성과 성별화된 범죄 재현의 문제를 넘어설 문제의식을 담고 있는 작품들도 주목할 수 있다. 몇 가지 예로 다음 작품들을 살펴볼 수 있다. 2016년 영국 BBC 드라마로 최근 넷플릭스에서 시즌3까지 방영된 '더 폴'은 여성을 대상으로 한 남성 사이코패스를 추적하는 이야기로 매우 극악무도한 범죄현장을 재현하지만, 그 범죄가 내포한 여성혐오적 측면을 드러내고 '엑스맨'의 스컬리 요원 역을 했던 질리언 앤더슨이 범인을 추리하는 과정에서 페미니즘적 면모까지 보여준다. 또 범죄에 접근하는 시각에 젠더가 고려될 때 어떻게 다를 수 있는가를 매우 극적으로 전개하는 작품으로 넷플릭스에서 방영된 2019년 미국드라마 '믿을 수 없는 이야기(Unbelievable)'를 참고할 수 있다. 이 드라마는 2008년과 2011년에 일어난 실제 사건을 기반으로 한「An Unbelievable Story of Rape」을 원작으로 만들어졌으며 같은 (강간) 사건을 바라보는 시각과 접근이 얼마나 다를 수 있는지를 효과적인 반전을 통해 드러내는데 가히 충격적일 정도임을 잘 보여준다.

최근에 개봉된 영화 <길복순>이나 <와이 우먼 킬>, <킬링 이브>처럼 여성 킬러를 등장시킨 작품도 주목해볼 수 있다. 특히 2019년 미국드라마 <와이 우먼 킬(Why Woman Kill)>은 여성 서사에 기댄 개연성 있는 여자 킬러를 등장시켰다. 반면 청부살인을 하는 무자비한 여자 킬러와 또 그녀를 추적하는 여성 인물을 경찰과 국가권력으로 등장시킨 <킬링 이브(Killing Eye)>도 새롭게 주목할 만하나 여성 서사적인 측면은 다소 약하다. <와이 우먼 킬>의 경우 같은 집에서 서로 다른 시기에 살았던 세 명의 여성에 의한 살인사건이 등장한다. 1963년 전업주부로 살며 바람피우는 남편의 애인에게 접근해 '절친'이 되는 베스 앤, 1984년 사교계의 여왕이자 갤러리를 운영하며 게이라는 사실을 속이고 결혼한 세 번째 남편과 사는 시몬, 2019년 변호사이자 양성애자로 남편과 자유로운 결혼생활을 하는 테일러 등. 드라마 제목이 말하는 것처럼, 이야기는 '왜 여성들은 살인하는가?'를 중심으로 전개되는데 킬러가 된 여성 주인공들의 관점에서 재현이 이루어지고 있으며 여자 킬러들의 입장

여성의 재현에서 죽음과 마녀화의 관계: 영화 <죽여주는 여자>를 중심으로

을 이해시키는 데 성공적으로 보인다. 특히 디지털 성범죄를 비롯해 수많은 젠더폭력과 차별, 억울한 일상을 살아가는 우리 사회의 여성으로 이 드라마의 서사를 따라가다 보면, 오히려 '와이 낫?'이란 질문을 만나게 될지도 모른다. 그리고 일상적으로 혐오적 시선과 폭력, 차별을 마주하며 살아가는 우리사회 여성들은 어떻게 그 많은 울분을 억제하며 폭력적인 방식으로 해소하지 않고 잘 관리하며 살아가는 것인지도 자못 궁금해진다.

3. 마녀화와 마녀사냥의 정치경제: 성노동자 소영은 어떻게 죽여주는 여자가 되는가?

3.1 죽여주는 여자, 소영의 삶과 죽음

2016년 한국에는 '죽여주는 여자' 소영이 있다. 소영은 사실 살인을 하려던 게 아니지만, 죽여달라는 부탁을 거절하지 못해 여자 킬러로 등극한다. 소영은 종로 일대에서 박카스 할머니[11]로 일하는 65세의 여성으로, 남성 '손님'들 사이에서 '죽여주게 잘 하는

---

11 '박카스 할머니'는 주로 서울 종로 일대에서 성노동을 하는 여성 노인을 일컫는 말로, 여성 노인의 빈곤, 즉 젠더와 계급, 나이가 교차하는 우리 사회의 어두운 표지로 조명되어 왔다. 그런가 하면, 2018년 일간베스트저장소(약칭 '일베')에 '박카스 할머니와 성매매를 했다'라는 글과 함께 여성 노인의 나체 사진을 올린 일베 회원인 남성에게 징역이 선고되었다. 2017년에는 박카스 할머니의 나체 사진을 올린 일베 회원 박모 씨에 대해서도 성폭력처벌특별법 위반 혐의에 대한 유죄판결이 내려졌다. 우리사회에서 성판매를 하는 여성의 모습은 10대 '가출 청소녀', 20대 '애인대행'에서 70대 '박카스할머니'까지 실로 다양하며, 이들에 대한 우리사회의 인식은 더욱 파편적이고 기기묘묘하다.

여자'로 입소문이 나며 인기가 높고 다른 박카스 할머니의 질시를 받기도 한다. 소영은 이층 단독주택에 세 들어 사는데, 집주인인 트랜스젠더 여성, 다른 방에 세 들어 사는 장애인인 젊은 남성, 그리고 갈 데 없는 코피노 아이와 함께 유사가족을 이루며 살아간다. 소영은 성병 치료차 들른 병원에서 아이 아빠인 의사를 찌른 필리핀 여성이 잡혀가며 처지가 막막해진 아이를 무작정 데려와 돌보는 한편, 트랜스젠더 여성과 장애인 남성에게 아이를 부탁하기도 하고 함께 나들이를 하고 외식을 하는 등 일상을 공유하며 살아간다.

그 밖에도 소영은 길고양이를 돌보고, 한때 단골이었던 남성이 뇌졸중으로 요양병원에 있다는 소식에 문병을 다니다가 '죽느니만 못하다'며 죽여달라고 애원하자 농약을 사다 먹여준다. 그리고 또 다른 남성 고객에게 치매 걸린 자신의 친구를 죽여달라는 부탁을 받아 산에 올라가 밀어서 죽여주고, 또 그 남성 고객의 부탁으로 약을 먹고 자살하는 그의 옆을 지켜주고 그 일로 감옥에 가게 된다. 이 부정의하고 불편부당한 소영의 삶과 죽음 앞에서, 왜 그렇게 소영은 모두를 돌봐주고 그들의 부탁을 다 들어주는 것이냐고 누구에게든 따져 묻고 싶기도 하다. 하지만 대답해야 할 사람은 소영이 아니라, 그에게 부당한 부탁을 하는 남성들일 것이다. 원치 않는 그녀에게 카메라를 숨겨놓고 인터뷰해달라며 '할머니, 이모, 선생님' 같이 마땅치 않은 호칭으로 부르는 남성도, 또 자신 또는 자신의 친구들을 죽여달라는 남성 고객들도. 그들은 무슨 권리로 그녀에게 그런 무례한 부탁을 하는 것인가, 아니 어떤 권리로 그래도 된다고 생각하는가?

그녀가 박카스 할머니, '창녀'라서 함부로 대해도 된다는 것일까? 미래도, 가진 것도, 가족도 없는, 잃을 것도, 무서울 것도 없는 밑바닥 인생이니까? 우리는 누구한테 그런 부탁을 할 수 있을까? 자기 가족이나 친구에게도 할 수 없는 부탁을 그녀에게 하는 이유는 무엇인가? 치매 걸린 남성과 그 친구와, 소영이 함께 산에 올라간 후 먼저 내려가 버리는 친구, 그리고 치매 걸린 남성을 벼랑에서 밀어 죽여주는 소영. 왜 그 친구는 친구의 죽음이 현재의 삶보다 더 나은 선택이라고 생각하면서 정작 자신이 친구를 밀어주지 않는가? 치매, 중풍으로 죽음을 기다리지 않도록 죽여달라는 남성 노인들, 그리고 혼자 남은 외로움과 혼자 죽는 게 두려워 자살하며 그 곁을 지켜달라는 그. 그들은 죽음의 책임을 그녀에게 전가하며 심지어 비용을 치르지 않는다는 점에서 매우 파렴치하다. 나아가, '윤락녀(淪落女)'로 낙인찍혀온 여성에게 여러 무례한 행위들을 '부탁'이란 이름으로 강요할 수 있는 배후가 무엇인지 질문하며 그 숨겨진 맥락을 가시화해야 한다. 그리고 박카스 할머니 소영에게 붙어 있는 꼬리표(labelling)가 은폐하는 경제적 문화적 측면을 파헤쳐봐야 한다고 제안하고 싶다.

어쨌거나 영화의 끝에서는 '무연고자 양미숙 1950-2016'이라고 쓰인, 그녀의 유품이 들었음 직한 상자가 비춰진다. 감옥에 살다가 맞는 죽음이라니, 무연고자였던 양미숙 씨가 어쩌면 외롭지 않게 삶을 마감하는 방법이었는지도 모르겠다고, 위안 아닌 위안 또는 역설을 읽어내고 싶어지는 장면이다. 그래, 어쩌면 양미숙 씨는 감방에서 죽음을 맞는 계획이 있었던 게 아닐까? 노후대책은커녕 '죽느니만 못하다'라는 그들을 기꺼이 죽여준 여자 양미숙 씨에게 어쩌면 그만한 죽음이 없었을지도 모른다. 그녀가 더는 자신을 비롯해 모두를 돌보지 않아도 되고 삼시 세끼 먹여주고 무려 그의 죽음을 지켜봐 줄 같은 감방 동료들도 있지 않았던가!

탈식민주의 이론가 가야트리 스피박은 식민지 시기 인도에서 있었던 두 여성의 죽음을 둘러싼 의미 해석을 문제 삼으며 탈식민주의 비평의 남성중심성을 비판하고 '(여성) 하위주체는 말할 수 있는가(Can the Subaltern Speak)?'라고 심문하였다.[12] 인도 출신의 이론가인 스피박은 탈식민의 역사와 지식이 하위주체 여성의 삶과 목소리를 지웠다는 점을 지적하며 이를 인식론적 폭력으로 문제제기한다. 탈식민의 역사와 지식을 구성해온 탈식민주의 지식인들은 타자를 자신의 그림자로 끈질기게 구성하도록 공모해 왔으며 그 과정은 하위주체가 지워지는 여정이기도 하다. 여기에서 성차라는 궤적은 이중으로 지워진다.

하위주체 여성들은 몸짓으로 '본연의 글쓰기'를 삶과 죽음을 넘나들며 표현하지만, 지식 생산과 역사 쓰기에서 지워지고 기존의 서사에서 단지 불충분하게 재현될 뿐이다. 첫 번째 방식은 사티

---

12 가야트리 스피박, 「서발턴은 말할 수 있는가?」, 『서발턴은 말할 수 있는가?—서발턴 개념의 역사에 관한 성찰들』, 태혜숙 옮김, 그린비, 1988.

제의에서 여성의 희생 또는 이에 관한 영국제국의 금지에 관한 남성주의적 서사이다. 여기에서 하위주체 여성은 죽음이라는 몸짓으로 말하지만 그 이야기는 지워지고, "백인종 남자가 황인종 남자에게서 황인종 여자를 구해주고 있다"라거나 "여자들이 죽고 싶어 했다"라는 탈식민주의 남성 지식인의 서사로 구성될 뿐이다. 두 번째 방식은 부바네스와리 바두리가 자기 몸(죽음)을 통해 여성/글쓰기의 텍스트로서 말했지만, 여성들조차 그 말을 듣지 않았다.

스피박이 지적한 것처럼, '모든 말하기는 가장 즉각적인 것처럼 보여도 다른 이가 거리를 두고 해독하는 것, 잘해야 끼어들기'[13]일까? 만약 하위주체 스스로 말할 수 없다면, 우리는 그 목소리가 말할 수 있도록 어떤 말걸기가 필요한 것일까? 우리사회에서 많은 젠더폭력과 페미사이드가 존재하는 현실에서 여성과 죽음을 둘러싼 이야기들은 어떻게 다뤄지고 있는지 담론적 비판을 통해 개입할 필요가 있다. 현재 우리사회에서 여성의 죽음에 관한 이야기는 어떻게 해독되고 있는가? 그리고 '여성' 자체를 재현하는 과정에서 죽음을 둘러싼 추문은 어떤 역할과 의미작용을 하고 있는가? 여성의 죽음을 둘러싼 해독 과정에서 여성의 말하기는 어떻게 지워지는가를 추적한 스피박의 문제의식처럼, 우리사회 여성의 죽음을 둘러싼 담론을 비판적으로 읽어내고 재구성할 필요가 있다. 이러한 문제의식에서, 한국에서 특히 하위주체 여성의 죽음을 성노동자 여성

13 가야트리 스피박, 앞의 책, 137쪽.

의 죽음에 관한 담론을 통해 비판적으로 읽어볼 수 있으며, 영화 <죽여주는 여자>는 이러한 여성들과 죽음의 관계를 잘 보여준다.

3.2. 비인간화, 동물화 그리고 마녀화의 도덕경제

그렇다면 죽여주는 여자 소영의 삶과 그녀의 삶에서 큰 위치를 차지하는 죽음은 어떤 방식으로 만나고 있으며 이를 매개하는 담론은 어떤 인식을 내포하고 있을까? 사실 죽음과 관련된 은유 중에는 인간의 경계에 대한 감각과 의미를 내포하는 경우가 꽤 있다. 가령, '죽여준다'라는 말은 인간의 보통 삶에서 경험되거나 상상할 수 없는 놀라운, 비인간적인 경지를 의미한다. 특이한 것은, 이때 비인간화는 동물화가 아닌 신격화와 연결될 것이다. 그야말로 우리가 살면서 경험할 수 없는 것이며, '죽여주는 여자'란 그런 놀라운 능력을 가진 여자이므로 '성녀' 아니면 '창녀'일 것이다. 그런데 성별을 바꿔 보면 은유가 되기보다는 실제 살인자란 의미에 가깝게 된다. 또 '죽느니만 못한' 삶은 주로 고통스럽고 무가치함을 은유한다. 치유할 수 없는 질병이나 해결할 수 없는 고통, 인간 아닌 동물의 삶 등이 죽느니만 못한 것으로 연상되며 동정과 연민 또는 멸시받는 대상이 될 수 있다. 즉, 이 은유는 병리화나 동물화를 내포한다.

비인간화된 사람들에 대한 동물화의 역사는 매우 길다. 수나우라 테일러는 『짐을 끄는 짐승들』에서 우리 세계를 받치고 있는 인간중심주의와 비장애중심주의를 조각내며 장애해방과 동물해방의 깊은 관계를 보여준다. 그녀는 엘런 새뮤얼스(Ellen Samuels)를 인용해, 누가 인간이고 인간이 아닌지는 오늘날 아주 분명해 보이지만 어떤 시대에는 인간이라기보다 동물이라는 식으로, 혹은 진화의 잃어버린 고리로 간주하였음을 상기시킨다.[14] 이러한 분류법은 열성, 야만성, 섹슈얼리티, 의존, 능력/장애, 신체적·정신적 차이에 대한 정의와 긴밀하게 얽혀 있다. 인종주의적 인류학은 미국 원주민이나 백인 외의 인종을 낮은 진화 단계, 즉 덜 발전된 단계에 있는 인간으로 제시했으며, 지적장애인들이 인간의 진화 과정에서 이전 단계에 위치해 있다는 주장과 함께 기능한다.[15] 그러므로 (장애인들을 포함해) 비인간화된 사람들에게는 동물화에 맞서면서 자신들이 인간임을 주장해야 하는 절박한 도전을 마주하게 된다. 하지만 수나우라 테일러는, 장애와 동물성은 차이에 기반한 다른 범주들과 수많은 사회정의 문제에 깊이 연루되어 있으므로 후순위로 치워둘 수 없다며, 어떻게 하면 인간의 동물화라는 잔인한 현실과 동물 멸시에 맞설 필요성이 양립할 수 있는지, 더 나아가 어떻게 하면 우리 자신의 동물성을 자각할 수 있는지 묻는다.[16]

죽여주는 여자 소영이 킬러가 되는 맥락은 수나우라 테일러가 보여주는 비인간화와 동물화에 대한 통찰에 '마녀화'를 추가해 이해할 필요가 있다. 비인간화와 동물화에 의해 지탱되는 비장애중심주의와 인간종중심주의는 또한 남성중심주의에 기반한 '남성경제'

---

14 수나우라 테일러, 『짐을 끄는 짐승들』, 장한길 옮김, 오월의봄, 2020.
15 수나우라 테일러, 앞의 책, 61-62쪽.
16 위의 책, 65쪽.

라는 성격을 갖는다. 이때 남성경제는 자본주의 제도가 마녀사냥이라는 여성에 대한 폭력을 통한 시초축적을 통해 토대를 마련한 것처럼, 마녀화, 특히 마녀로 낙인찍힌 여성을 부당하게 착취함으로써 돌아간다. 남성중심주의는 성역할에 기반한 여성의 부불노동, 노동이 아닌 '희생'으로 '여성성'으로 왜곡하여 적절한 대가를 지불하지 않음으로써 돌아가는 경제체제이다. 이런 점에서, 죽여주는 여자 소영에게서 '타인을 위한 희생정신과 공감 없는 이해를 통해 타인 존중과 공동체의식을 복원'[17]한다는 논의는 소영을 마녀화하고 다시 남성중심적으로 호명하려는 게 아니냐는 의구심을 갖게한다. 소영을 마녀화하는 한편 남성 경제를 위해 희생하고 착취하려는 의지를 가시화하고 넘어서기 위해, 마녀화가 은폐하고 있는 경제적 성격을 규명하는 게 중요하다.

흔히 알려진 것처럼 마녀사냥은 '중세 암흑기'에 일어난 사건이 아니었다. 오히려 중세 이후 15세기 말과 16세기 초 공유지 인클로저에 반항한 농민봉기와, 흑사병의 창궐로 노동력 공급에 위기를 겪었던 경제적 배경 하에 등장했다. 또 문화주의 페미니스트들 사이에서 주장되어온 대로 영민한 여성, 의술을 가진 특수한 여성을 핍박하기 위해 벌인 집단 살해극만은 아니었으며 그보다 훨씬 복잡하고 경제적인 맥락에서 일어났다.[18] 마녀사냥은 유럽 사회에서 자

---

17 이종현·박치완, 「한국인의 문화유전자와 공동체의식의 복권-영화 〈죽여주는 여자〉를 중심으로」, 인문콘텐츠학회, 『인문콘텐츠』 45, 2017, 149-172쪽.
18 홍영화, 「비판적 여성주의 관점에서 마녀사냥 읽기」, 『여/성이론』 26, 여성문화이론연구소,

본주의가 등장하고 제도화되는 시기인 15세기 말에서 17세기에 걸쳐 일어난 여성에 대한 대대적인 폭력 사건을 말한다. 하지만 넓은 의미로, 마녀사냥은 여성을 마녀화하여 그 폭력을 정당화하는 방식[19]이며 이런 사건은 지금까지도 일어나는 전 지구적 현상이기도 하다.

실비아 페데리치는 『캘리번과 마녀』에서 마녀사냥이 지닌 경제적 성격을 자본주의 제제의 시초축적으로 밝힌다. 즉, 유럽의 마녀사냥은 자본주의 경제의 토대가 된 시초축적이었으며 신세계의 식민화와 유럽 소작농의 토지로부터의 축출과 함께 자본주의 발달에 중요한 영향을 미친 폭력적인 사건이었다.[20] 이때 마녀는 자본주의가 파괴해야만 했던 여성 주체라는 세계(이단자이자 치유자, 반항적인 아내, 감히 혼자 살아가고자 하는 여성, 주인의 음식에 독을 섞고 노예들의 반란을 책동하는 여성 마술사)의 체현이라는 의미를 갖는다.[21] 즉, 유럽의 마녀사냥은 자본주의적 관계의 확산을 저지하려는 여성들의 저항에 대한, 그리고 섹슈얼리티와 재생산에 대한 통제력과 치유능력을 통해 여성들이 획득한 권력에 대한 공격

2012, 189-206쪽.
19 누가 마녀인지, 무엇이 마녀의 사술인지를 판가름하려는데 초점이 맞추어져 문답 형식으로 이루어진 〈말레우스 말레피카룸: 마녀를 심판하는 망치〉는 1486년 독일에서 출간되었는데 마녀사냥의 교본으로 여겨지고 있다.
20 실비아 페데리치, 『캘리번과 마녀─여성, 신체, 그리고 시초축적』, 황성원·김민철 옮김, 갈무리, 2019, 30쪽.
21 위의 책, 28쪽.

이었다.22

서유럽에서 마녀사냥이 절정에 이르던 16세기 말에서 17세기 중반까지의 시기는 정확히 봉건적 관계가 자본주의의 전형에 가까운 경제 및 정치 제도들로 대체되기 시작하던 시기였다.23 서유럽의 인클로저와 마녀사냥, 새로 지은 감화원과 노역소, 계약노예와 죄수를 싣고 유럽에서 아메리카로 가는 선박과 노예무역 등 시초축적 과정의 주요한 지레이자 경제적 힘은 폭력이었다.24 마리아 미즈의 표현처럼 폭력 그 자체는 가장 생산적인 힘이었으며, 이 시기에 여성들은 신체, 노동, 생명을 매개로 가장 값비싼 대가를 치러 왔다.25

잉글랜드 역사가들은 대략 1450년부터 1650년까지의 시기를 '자본주의로의 이행' 개념으로 정의했으며, 맑스는 '시초축적' 개념을 자본주의적 관계들이 존재하기 위한 전제조건으로 지칭하며 "이행"이라는 용어를 시간적 개념으로 사용했다고 지적한다. 또 16~17세기의 "대 마녀사냥"은 한때 공동으로 사용했던 토지에서 농민들을 축출하여 유럽 농민들의 패배에 결정적으로 작용했지만, 시초축적에 대한 맑스의 분석은 국가를 등에 업은 테러전을 언급하지 않는다. 이런 점에서 자본주의로의 이행 개념은 많은 면에서

---

22 위의 책, 249쪽.
23 위의 책, 242쪽.
24 위의 책, 104쪽.
25 위의 책, 39-41쪽.

허구인데, 중세 후기 유럽의 지배계급은 1300년대 말엽부터 시작된 봉건경제의 축적위기를 맞아 정복, 노예화, 약탈, 살인, 즉 폭력을 통해 자본주의 체제의 토대를 마련하였다.[26]

한편 마녀사냥의 경제적 성격을 규명한 페데리치의 작업과 달리, E. P. 톰슨(Thompson)은 도덕경제(moral economy) 개념으로 경제와 윤리의 밀접한 관련성을 논의했다. 톰슨은 18세기 영국의 '식량폭동'에 관한 역사적 연구에서 경제 논리라는 이념 자체가 도덕규범에 의해 구성되는 측면을 지적하고, 경제라는 현상이 문화, 특히 도덕적, 윤리적 차원과 떼놓을 수 없는 부분을 구성한다고 강조한다.[27] 앤드류 세이어는 톰슨의 도덕경제 개념을 문화 산업 연구의 관점에서 확대해 도덕경제란 "모든 종류의 경제활동이 도덕적 성향과 규범에 따라 어떻게 영향을 받고 구조화되는지, 또한 이 규범들이 경제적 압력에 의해 어떻게 타협, 무효화, 혹은 보강되는지에 관한 연구"[28]라고 정의한다. 넓게 보자면 모든 경제 행위는 행위 양식에 대한 도덕적 가정이나 감수성(가령, 신뢰, 의무, 정직성, 공평성)을 포함하기 때문에 도덕경제의 측면을 지닌다는 것이다.[29]

---

26 위의 책, 99-101쪽.
27 Thompson, E. P., *The moral economy of the English crowd in the Eighteenth Century*. In E. P. Thompson, Customs in common, 1993. pp.185～258. New York: New Press(Original work published 1970).
28 Sayer, A., Moral economy, 2004. http://www.lancs.ac.uk/fsssociology/papers/sayer-moral-economy.pdf.
29 임영호·김은진·홍찬이, 「도덕경제와 에로장르 종사자의 직업 정체성 구성」, 사단법인 언론과 사회, 『언론과 사회』 16: 2, 2008, 107-147쪽.

수나우라 테일러는 비장애중심주의는 단지 장애인들뿐 아니라 훨씬 많은 이들을 포괄하며 모든 몸은 비장애중심주의의 억압에 노출되어 있다고 일갈한다.[30] 비장애중심주의는 우리의 문화적 견해와 가치관이 구축되는 데 영향을 끼친다. "자립적"이라는 것이 무엇을 뜻하는지, "생산성"이나 "효율성"을 어떻게 측정하는지, 무엇이 "정상적"이고 무엇이 "자연스러운지" 등에 대한 통념들은 말할 것도 없다. 이런 가치관들은 장애인들과 비장애 신체를 가진 사람들에게는 물론, 우리와 이 행성에서 함께 살아가는 비인간 동물들에게도 영향을 미친다.

마찬가지로, 마녀화에 대해서도 같은 논리를 적용할 수 있다. 15-17세기 유럽에서 마녀사냥은 당시 여성을 주된 대상으로 하였으나 당시 저항적이었던 농민, 하층민에게 포괄적으로 이루어졌던 것처럼, 여성 성노동자뿐만 아니라 모든 여성(과 성소수자를 비롯한 사회적 약자들)이 우리 시대의 마녀화에 노출되어 있음도 인식해야 한다. 우에노 치즈코가 논증한 것처럼, 여성혐오(와 호모포비아)는 남성동성사회(homo-society)를 성립시키는 중요한 전제이다.[31] 성평등은 여성이 법안의 존재인 '인간'이 되기 위한 오랜 투쟁을 통해 시도되고 있지만 성취되지 않았으며 성녀/창녀 이분법, 그리고 마녀화의 도덕경제는 여성혐오를 근간으로 작동되고 있다.

---

30 수나우라 테일러, 앞의 책, 66-67쪽.
31 우에노 치즈코, 『여성혐오를 혐오한다』, 나일등 옮김, 은행나무, 2012.

4. 마치며

앞서 살펴본 것처럼, '죽여주는 여자' 소영은 사회적으로 연민 또는 멸시받는 주변 존재들을 돌본다. (값싼) 돈을 받고 쾌락을 제공하며 성적 욕구를 돌보는가 하면, 마이너리티로 살아가는 주변 사람들의 다양한 삶의 욕구를 돌본다. 세 들어 사는 집 이웃인 장애인과 트랜스젠더, 코피노 아이, 길고양이에서 남성 고객에 이르기까지. 심지어 치매나 뇌졸중으로 '죽느니만 못하다'라는 삶을 사는 남성 고객의 요청에 따라 그들이 죽음에 이르도록 '돕고', 본인 또는 가까운 친구도 해주지 못하는 일이자 사회적으로는 살인이란 범죄에 해당하는 그들의 요구를 들어준다. 그렇다면 소영은 왜 그런 무리한 부탁을 들어주는 것일까? 아니, 그런 부탁을 소영에게 하는 그들은 무슨 권리로 그래도 된다고 생각하는 것일까?

'죽여주는 여자'인 소영을 바라보는 시선에는 비인간화-동물화(창녀)와 신격화(성녀)가 동시에 존재하며, 그녀의 삶과 죽음을 자신들의 그것과는 전혀 다른 것으로 분리해 바라보는 타자화가 작동하게 된다. 이처럼 '죽여주는 여자' 소영의 삶과 죽음에 놓여있는 불편부당함에는 창녀 낙인에 깃들어있는 문화적이고 윤리적인 폭력이 놓여있으며 그 도덕경제적 성격도 규명되어야 한다. 이 글에서는 '창녀 낙인'의 도덕경제적 성격을 주목하며 수나우라 테일러의 비인간화와 동물화에 대한 논의와 실비아 페데리치가 제시한 마녀사냥의 정치경제적 성격을 주목해보았다.

우리사회에서 규범적 여성성을 위반하는 '창녀'로 여성 성노동자를 요부이자 악의 현현인 '마녀'로 구성해내는 '창녀 낙인'은 여전히 공고하다. 창녀 낙인은 그 여성을 '윤리적으로 타락'하고 '몸을 망친' '막장 인생'일 뿐 아니라 '인간 이하'의 취급을 받아 마땅하다는 윤리적 인식을 작동시킨다. 이 낙인으로 인해 여성 성노동자는 '인간 이하'의 삶을 사는 것으로 취급되고 '법 밖의' 존재가 된다. 즉, 죽여주는 여자 소영은 이미 법 밖의 존재이다. 그래서 소영은 그 남성들에게 살인을 비롯해 법 밖의 행위들을 '부탁'의 형태로 강요받는다. 어쩌면 그녀가 하는 행위는 '법안에 존재하는 인간'으로서 할 수 없는 행위들로 이미 구성되는 것인지도 모르겠다. 죽음은 삶 밖에 존재하며, 그래서 청부살인은 경계를 넘어서는 행위로 값비싼 대가를 요구한다. 하지만 소영은 법안의 존재인 '인간'이기 위해서 지켜야 하는 경계 밖의 삶을 살아가는 것이므로 이미 그 삶은 죽음과 맞닿아 있다.

또한 우리사회에서 성노동자 여성들이 법 밖의 인간이라는 이유에서 겪어야 하는 수많은 불편부당함에는 도덕경제적 측면이 함께 작동한다. 그/녀들은 낙인을 갖는 정체성이 알려지지 않도록 하기 위해서도 또 그 정체성이 탄로 날 경우에도, 여러 삶의 기회를 빼앗길 뿐 아니라 부당한 비용을 내고 경제적 불이익을 강요받는다. 예를 들어, 집창촌이 성업하던 시기에 그곳에서 일하는 여성들은 더 많은 택시비를 지불했으며 또 커피값, 미용 비용, 생활용품 등 다른 곳보다 더 비싼 비용을 집창촌 주변의 소상공인들에게 물어야 했다.[32] 이는 '창녀'라는 이유로 과도한 비용을 청구하는 부당한 현실이며, '낙인' 찍힌 당사자가 오히려 낙인찍는 다른 사회구성원들에게 지불해야 하는 비용으로 일종의 '낙인세'라고 할 수 있다. 성노동자에게 매겨진 낙인세는 우리사회에서도 얼마 전에 제기된 '여성세'와 비슷하다. 의류, 화장품, 미용실 요금 등 여성용 상품이 남성용 상품보다 더 비싸서 여성들이 세금을 더 내는 '여성세'는 경제적 측면에서 여성이라는 이유로 겪는 보이지 않는 차별이다. 성노동자들이 부담하는 '낙인세'는 단지 그녀가 여성 성노동자라는 이유로 욕을 먹고 폭력을 당해도 싸다는 인간 이하의 취급과 비인간화, 그리고 마녀화가 은폐하고 있는 도덕경제의 하나이다.

향후 여성, 특히 성노동자 여성의 재현에 깃들어있는 경제적이고 문화적인 폭력, 여성혐오에서 나아가 경제적 측면과의 관계를 살펴볼 필요가 있다. 즉, '여성이라서' 욕을 먹고 폭력을 당하고 심지어 죽음에 이르게 하는 페미사이드는 인간 이하의 취급과 비인간화, 그리고 마녀화가 은폐하고 있는 정치경제의 측면에서 부가적인 논의가 필요하다. 가령, 현재 우리사회에서도 비인간화되고 마녀화된 여성들에게 일종의 '낙인세'와 같은 추가 비용이 어떻게 부과되는지 등에 관해서는 현장 연구에 기초한 정교한 분석이 필요하다.

마지막으로 덧붙이자면, 성노동자 여성은 '마녀화'의 피해자라

---

32 오김숙이, 「집창촌 여성들의 하위문화는 존재하는가」, 『여/성이론』 18, 여성문화이론연구소, 2008, 60-78쪽.

는 측면을 넘어서 주류적 젠더 규범을 위반하는 성노동자 여성들의 전략적이고 전복적인 수행에 주목할 필요도 있다. 앞서 지적한 것처럼, 남성중심주의는 성역할에 기반한 여성의 부불노동, 노동이 아닌 '희생'으로 '여성성'으로 왜곡하여 적절한 대가를 지불하지 않음으로써 돌아가는 경제체제이다. 그런 점에서 성노동자 여성은 주류적 젠더 규범을 위반함으로써 문제적 존재로 낙인찍히고 '마녀'로 상징화되어 '낙인세'와 같은 또 다른 대가를 치르게 된다. 한편 그/녀들은 법 밖의 존재로 살아가며 젠더 규범을 비롯해 주류적 규범과는 다른 존재론적·인식론적 측면을 드러내기도 한다. 우리시대의 마녀이자 위반자로서 법 안의 존재들의 '위선'을 들춰내며 '위악'을 부리고 때로는 두렵고도 매혹적인 존재가 되기도 하지만, 세상을 바꾸는 데 어떤 함의를 갖는가는 여전히 매우 논쟁적이다. 그리고 여/성노동자들의 침묵 된 목소리를 듣기 위해서는 페미니즘적 사유 위에서 그/녀들의 생활세계에 대한 문화연구를 통해 하위문화적 성격과 의미, 문화적 실천을 적극적으로 탐구해야 한다.[33] 이를 통해, 우리사회에서 여/성노동자의 마녀화에 놓여있는 문화적·윤리적 측면과 도덕경제적 성격이 규명되고, 젠더 규범을 위반하는 여/성노동자들의 행위성과 전략적 수행의 측면이 함께 공존함을 통합적으로 인식할 수 있을 것이다.

---

33 이와 관련된 논의로 다음 글들을 참고할 수 있다. 오김숙이, 앞의 글; 오김숙이, 「매춘의 사회적 낙인과 의미를 둘러싼 문화적 실천」, 『여/성이론』 29, 여성문화이론연구소, 2013, 46-65쪽; 오김숙이, 「가희 이야기-스물여덟의 삶과 성노동 경험」, 『문학들』 58, 심미안, 2019, 222-248쪽.

참고문헌

고정갑희, 『성이론—성관계 성노동 성장치』, 여이연, 2011.

김민정 외, 『누가 여성을 죽이는가—여성혐오와 페미니즘의 격발』, 돌베개, 2019

김효정, 「코로나19와 가정폭력: 팬데믹의 젠더화된 효과」, 『여성연구』, 107: 4, 한국여성정책연구원, 2020

손희정, 「여성의 이야기는 어디로 갔는가」, 『누가 여성을 죽이는가』, 돌베개, 2019.

수나우라 테일러, 『짐을 끄는 짐승들』, 오월의봄, 2020.

스피박 지음, 「서발턴은 말할 수 있는가?」, 『서발턴은 말할 수 있는가? 서발턴 개념의 역사에 관한 성찰들』, 태혜숙 옮김, 그린비, 1988.

실비아 페데리치 지음, 『캘리번과 마녀—여성, 신체, 그리고 시초축적』, 갈무리, 황성원·김민철 옮김, 2019.

야콥 슈프랭거·하인리히 크라머, 『마녀를 심판하는 망치』, 이재필 옮김, 우물이있는집, 2016.

우에노 치즈코 지음, 『여성혐오를 혐오한다』, 나일등 옮김, 은행나무, 2012.

오김숙이, 「집창촌 여성들의 하위문화는 존재하는가」, 『여/성이론』 18, 여성문화이론연구소, 60-78, 2008.

_____, 「매춘의 사회적 낙인과 의미를 둘러싼 문화적 실천」, 『여/성이론』 29, 여성문화이론연구소, 46-65, 2013.

_____, 「젠더·노동 프레임과 여/성노동자의 재현」, 『여성학연구』 27: 1, 부산대 여성연구소, 7-34, 2017.

_____, 「가희 이야기—스물여덟의 삶과 성노동 경험」, 『문학들』 58, 심미안, 222-248, 2019.

윤상연·백승경·신상화, 「코로나 시대, 가정폭력은 증가했을까?」, 『한국심리학회 학술대회 자료집』, 한국심리학회, 2020.

이종현·박치완, 「한국인의 문화유전자와 공동체의식의 복권—영화 <죽여주는 여자>를 중심으로」, 『인문콘텐츠』 45, 인문콘텐츠학회 149-172, 2017.

임영호·김은진·홍찬이,「도덕경제와 에로장르 종사자의 직업 정체성 구성」,『언론과 사회』 16: 2, 사단법인 언론과 사회, 107-147, 2008.

장은미·한희정,「존재하지만 존재 않는 타자들의 공간: 영화 <죽여주는 여자>의 담론 공간을 중심으로」,『한국언론정보학보』 84, 한국언론정보학회, 99-123, 2017.

홍영화,「비판적 여성주의 관점에서 마녀사냥 읽기」,『여/성이론』 26호, 여성문화이론연구소, 189-206, 2012.

Al-Ali, N., Covid-19 and feminism in the Global South: Challenges, initiatives and dilemmas. *European Journal of Women's Studies*, 27(4), 333-347, 2020.

K-드라마 속 마녀의 계보

신주진

우리시대의
마녀

매혹적인 두려움은 어떻게 세상을 바꾸는가

한국 텔레비전드라마를 추동해온 것은 여성캐릭터들의 변화와 발전이라고 해도 과언이 아닐 만큼 드라마 안에서 여성캐릭터는 절대적인 중요성을 지닌다. 여성작가에서 여성캐릭터를 거쳐 여성시청자들로 이어지는 순환적 네트워크는 현실 여성들의 사회적 역량과 목소리가 커질수록 더욱 큰 힘을 형성해왔다. 이 네트워크의 중심에 드라마 여성캐릭터들이 있다.

K-드라마 속 여성캐릭터의 변화가 두드러지게 나타나기 시작한 것은 1990년대 초반부터였다. '트렌디드라마'로 일컬어진 새로운 드라마들이 등장했는데, 젊은 도시 여성들의 일과 사랑을 주로 다루는 밝고 화사한 이 드라마들은 당시 떠오르는 새로운 영화 장르인 로맨틱코미디와도 접목되었다.[1] 기존의 정통멜로드라마에서 사랑만이 전부였던 지고지순한 순정파 여성들은 이제 일과 사랑을 동시에 추구하는 현실적이고 합리적인 인물들로 바뀌었다. 민주화 시대에 청소년기를 보내고 대중문화시대[2]를 두 팔 벌려 맞이한 이

---

1 '트렌디드라마'는 당시 일본드라마의 영향을 받은 〈질투〉(1992)를 시작으로 새롭게 등장한 드라마 형태로, 젊은 남녀의 현실적이고 일상적인 사랑, 결혼, 직업의 세계를 세련되고 감각적인 연출로 담아냈다. 같은 시기 영화에서는 〈결혼이야기〉(1992)를 시작으로 로맨틱 코미디 장르가 부상하게 된다.
2 1980년대의 경제적 성장과 정치적 민주화의 시기를 지나 1990년대를 '대중문화시대'로 볼 수 있는데, SBS-TV 등 민영방송의 등장으로 방송환경의 변화와 함께, 대중문화 전반에서

여성들은 사랑의 영원성을 의심하고 결혼의 득실을 계산할 뿐만 아니라, 직업적 생존과 성공을 위해 총력 매진해야 하는 그야말로 '사회적인' 존재가 되었다. 드라마 속 여성들이 실제적인 파워를 갖게 된 것은 그녀들이 이렇게 천상의 존재에서 땅 위 현실로 내려오면서이다.

2000년 이후 여성캐릭터들은 더욱 다양한 형태로 분화, 발전해 가는데, 한편으로는 K-드라마의 양적·질적 성장에 따른 것으로, 이는 '한류드라마' 현상을 통해 그 위력의 일단을 보여준다. 다른 한편으로는 외환위기 이후 장기 경제 침체로 경쟁과 갈등이 격화되는 상황 속에서 나타난 여성들의 주체적 움직임이 드라마를 통해 외화된 형태로 볼 수 있다. 생존투쟁과 젠더 갈등이 맞물리면서 '막장드라마'와 복수극들이 범람하기 시작하고, 사극과 장르물들에서 폭력적 남성 영웅들이 앞 다투어 귀환하고 있는 상황에서, 여성캐릭터들도 사기꾼에서 복수의 화신, 권력욕 넘치는 야망가에 이르기까지 점차 스펙트럼을 넓혀가게 되었다.

이 글에서는 이렇게 다변화된 여성캐릭터들 가운데 특히 2000년 이후 새로운 매력과 무기를 갖고 등장한 독보적인 여성캐릭터들을 '마녀'라는 개념으로 분석하고자 한다. 현재 흔히 사용되는 '마녀

큰 변화와 발전이 일어났다. TV드라마에서는 김수현의 〈사랑이 뭐길래〉(1991)가 가족코미디드라마의 새 장을 열었고, 이는 주1)에서 설명한 트렌디드라마, 로맨틱코미디 등의 등장과 맞물린다. 서태지와 아이들이 〈난 알아요〉(1992)로 새로운 대중음악 시장의 포문을 연 것도 바로 이 시기이다.

사냥'이라는 용어는 여성 억압의 역사적 의미는 지워진 채 억울한 개인을 희생양 삼는 집단의 무차별적 탄압을 일컫는 탈젠더적인 보통명사가 되었다. 그럼에도 마녀가 아님을 항변하는 이 '마녀사냥'의 용법에는 젠더적 존재로서 '마녀'라는 무시무시하고 사악한 존재에 대한 공포와 혐오가 고스란히 담겨 있다. 물론 이 '마녀'는 여성 혹은 여성적 존재이다.

실비아 페데리치는 자본주의 "시초축적을 분석하는 중심에 16세기와 17세기의 마녀사냥을 놓고 있"는데, 식민지 노예무역과 인클로저만큼이나 마녀 박해가 자본주의 발달에 중요한 역할을 했다고 주장한다.[3] 이러한 페데리치의 주장은 자본주의의 출발 자체에 여성 억압이 내속되어 있다는 것으로, 토지로부터의 분리, 노동의 성별 위계와 분업, 가사노동의 비노동화·무임노동화 등이 여성 억압을 통한 자본주의 구축을 설명해준다고 본다. 문제는 초기 자본주의 형성 과정이 단지 초기에 끝나는 것이 아니라는 것이다. 신자유주의 세계화 시대에 이르러서도 자본주의는 동일한 방식으로 축적과 재생산을 거듭하고 있고, 특히 제3세계에서 구조조정을 통해 토지박탈과 노동이민, 노동 위계와 분열 등 시초축적이 여전히 반복되고 있다.[4] 여기서 핵심은 수 세기에 걸쳐 여성 억압과 종속이 지속되고 있으며, 여기에 더해 여성들 사이의 분열 또한 심화되었

---

3 실비아 페데리치, 『캘리번과 마녀』, 황성원·김민철 옮김, 갈무리, 2011, 30쪽.
4 페데리치는 『혁명의 영점』에서 이러한 경제적 식민지 상황과 여성 노예화의 현실을 세세히 설명하고 있다. 실비아 페데리치, 『혁명의 영점』, 황성원 옮김, 갈무리, 2013.

다는 점이다.[5]

　지금 여기서 '마녀'의 의미를 되새기는 것은 IMF 구조조정 이후 경제 위기 속에서도 선진국 대열에 올라서기 위해 안간힘을 쓰는 한국 사회 역시 여성들에 대한 폭력과 혐오, 억압의 수위를 점점 높여가고 있기 때문이다. 여성들의 주체화 행동과 목소리가 커질수록 여성들에 대한 억압과 차별, 편견과 폄훼도 커져간다. 거꾸로 여성들에 대한 폭력과 억압이 커질수록 여성들의 저항과 투쟁의 움직임도 몸집을 키워간다.

　이때 '마녀'는 기존 사회 질서와 규범을 어지럽히는 여성들, '정상적' 젠더 규범에서 벗어난 여성들을 가리키는 대명사이다. 한편으로 그녀들은 가부장제와 자본주의가 배제하고자 하는 잉여적 존재들이며, 다른 한편 기존 사회 규범과 젠더 규범의 한계를 뚫고 나가는 적극적 행위자들이다. 그녀들은 억압과 혐오의 대상들인 동시에 매혹과 두려움의 존재들이기도 하다. 이러한 마녀의 이중적 성격은 마녀가 단지 여성 박해의 희생자이자 피해자라는 프레임에서 벗어나 그녀들을 자유와 해방, 저항의 주체들로 위치시킬 수 있게 해준다.

　이 글에서는 K-드라마 속 대표적인 마녀들로 다섯 명의 여자주

5　페데리치는 가사노동의 저평가와 무임금화가 가사노동의 연장으로서의 돌봄과 교육, 서비스 등 여성 사회 노동의 일반적 가치저평가로 연결되어 여성 노동의 일반적 저임금을 낳고 있으며, 제3세계 출신 선진국 가사노동자들의 저임금 구조를 유지시키고, 여성들 간의 계급 격차를 양산한다고 비판한다.

인공들을 다루고자 한다. 그 다섯의 마녀들은 <환상의 커플>(2006)의 조안나(한예슬 분), <선덕여왕>(2009)의 미실(고현정 분), <미스티>(2018)의 고혜란(김남주 분), <하이에나>(2020)의 정금자(김혜수 분), <사이코지만 괜찮아>(2020)의 고문영(서예지 분)이다. 이 히로인들은 사회 안에서 자신의 몫을 요구하던 체제 안의 여성들이 그 욕망의 과잉성으로 인해 사회적 틀을 넘어 나아가는 흥미로운 양상들을 보여준다. 여기에서는 이 마녀들이 우리 사회의 체제와 규범과 가치와 인간관계에 균열을 일으키는 방식들을 살펴본다.

1. 악녀의 원조, 〈환상의 커플〉[6]의 조안나

오랜 시간 드라마 속 여자주인공들은 성녀와 악녀라는 이원적 틀 속에 갇혀 있었다. 착하고 어질고 지고지순한 여자주인공의 반대편에는 그런 여자주인공을 괴롭히는 사악하고 욕심 많은 악녀가 자리한다. 이러한 성녀와 악녀의 이분법은 시대가 바뀌면서 여러 형태의 변주들로 나타나면서도 그 기본틀은 여전히 지속되고 있다. 트렌디드라마 이후 성녀는 청순가련형에서 밝고 긍정적이고 쾌활한 캔디형 인물로 바뀌었으나, 여전히 악녀들은 어떠한 가면을 쓰더라도 종국에는 사악한 본색을 드러내고야 만다.

슐라미스 파이어스톤은 여성에 대한 이중화의 기원을 프로이

---

6 〈환상의 커플〉은 홍미란 · 홍정은 극본, 김상호 연출로 MBC-TV에서 2006년 10월 14일에서 12월 3일까지 토 · 일에 방영된 16부작 드라마이다.

트의 오이디푸스 콤플렉스에서 찾는다. "근친상간 금기에 기원을
둔 오이디푸스 콤플렉스는 아이에게 '감정적인 것'과 '성적인 것'을
구분하라고 요구"하는 것으로, 이것이 어머니에 대한 적절한 반응
과 부적절한 반응을 구분하게 한다.

> 그러한 부자연스러운 심리적 이분법으로부터 직접 나아가는 문화 발전
> 은 전체 문화를 병들게 하는 '좋은 여성-나쁜 여성' 증후군이다. 즉 인격
> 의 분열이 '여성' 계급을 향해 투사된 것이다. 어머니를 닮은 여성들은
> '좋고', 결과적으로 그들에게 성적 느낌을 가져서는 안 된다. 어머니와
> 같지 않고, 전체적인 반응을 불러일으키지 않는 여성들은 성적이고, 그러
> 므로 '나쁘다'.[7]

이러한 여성의 이중화는 어머니로서의 여성, 즉 모성을 성녀로
찬양하고, 성적 주체로서의 여성을 악녀로 억압하는 것이다. <환상
의 커플>에서 주인공 안나 조(한예슬 분)는 드라마 여자주인공이 성
녀가 아닌 악녀로 그려진 거의 최초의 인물이라고 볼 수 있다. 그녀
는 호텔, 리조트 등 재벌 상속녀로 바지 사장인 남편 빌리 박(김성민
분)과 주변 인물들을 하인처럼 부리며 살아간다. 부동산 재벌에 여
왕처럼 군림하면서 갑질을 일삼는 고약하고 괴팍한 여자가 멜로드라
마의 주인공 자리를 차지하는 것은 거의 불가능한 일이다.

---

7 슐라미스 파이어스톤, 『성의 변증법』, 김민예숙·유숙열 옮김, 꾸리에, 2016, 91-92쪽.

천상천하 유아독존에 오만방자, 안하무인인 이 악녀는 말끝마다 "꼬라지하고는~"이라고 불평하며 호텔 직원들을 마구 갈아치운다. 오죽하면 남편인 빌리는 "이대로 살다간 난 정말 죽을 것 같아. 당신만 보면 머리털이 쭈뼛쭈뼛 서고 심장이 쿵쾅쿵쾅 뛰고 피가 바짝바짝 마른다고! 나도 사람답게 살고 싶어. 우리 이혼해!"라고 이혼을 요구한다. "못해! 내가 죽어버리면 모를까." 한마디 말로 상황을 일축해 버리는 이 귀족녀 조안나는 마침 요트 추락 사고로 죽음의 위기를 거쳐 전혀 다른 인물로 변신한다. 기억상실에 빠지면서 한순간에 부엌데기 나상실로 추락하는 것이다.

안나에게 여러 번 골탕을 먹은 수리공 장철수(오지호 분)가 자신이 입은 피해액만큼 그녀를 부려먹을 요량으로 조카가 셋이나 달린 자신의 집으로 끌고 오는데, "인격상실, 개념상실, 어이상실에다 기억상실까지, 그러니까 상실이지." 속말을 하며 이름까지 나상실로 붙여준다. 이러한 권력의 역전으로 로맨틱 코미디에서 '말괄량이 길들이기'식 티격태격 동거 로맨스가 펼쳐지는데, 문제는 이 악녀가 쉽게 자신의 본색을 바꾸지 않는다는 것이다.

무엇보다 안나/상실은 희생적이고 이타적인 모성적 여성의 모습에서 벗어난 인물이다. 그녀는 철수가 기대한 아이들을 돌보고 기르는 엄마로서의 역할을 하기는커녕, 아이들과 맞먹고 싸우는 철없는 모습에다 냉정하게 "어린이들!"이라 부르며 비정한 현실을 일깨우기도 한다. 모든 것을 잃고 오갈 데 없이 남의 집에 얹혀사는 신세가 되어도 그녀는 일반적으로 여성들에게 요구되는 가사노동과 육아를 떠맡지 않으며 모성적 여성의 위치를 받아들이지 않는다.

안나/상실이 기억상실로 귀족녀로서의 자기 본분을 잃고 숨겨졌던 어린아이 같은 순수한 내면을 찾았다고 보아서는 안 된다. 그녀는 "순수해서가 아니라 알 필요가 없었기 때문에 세상 물정을 모르는" 것으로, "세상이 자기를 중심으로 돌아가는 안나에게는 자기 자신 이외의 인물들은 누구건 동일하다. 더 잘나고 못난 것도 없으며, 어른이고 어린이고, 정상이고 비정상이고의 구분 따위도 하등 중요치 않다. 이 공평한 처사가 그녀가 약자들의 진짜 친구가 될 수 있게 해준다."[8] 그녀가 고양이나 개를 비롯해 어리고 미숙한 존재들과 한데 어우러지는 것이 가능한 이유이다.

중요한 것은 이기적이고 뻔뻔하고 무례한 여성이 멜로드라마 여자주인공으로 등장했다는 사실이다. 안나/상실의 매력은 기억을 되찾은 후 다시 귀족녀가 된 그녀가 약간은 인간적 모습을 보여주는 성장의 서사에 놓여 있는 것이 아니다.[9] 그녀의 독자적 매력은 정확히 그녀가 악녀의 위상을 떠맡았다는 데 있다. 성녀에서 악녀로의 이러한 이행은 기존 여성주인공들의 이미지를 뒤엎고 여성에

8 신주진, 『뻔fun한 드라마 찡한 러브』, 여이연, 2007, 115쪽.
9 이은애는 〈환상의 커플〉이 베르톨트 브레히트의 〈소시민의 칠거지악〉의 요소를 결합함으로써 낡은 트렌디 드라마의 관습에서 탈피할 수 있었다고 보며, 안나 조와 나상실로 분열된 이중적 모습에서 현대 자본주의 사회 속 인간의 존재론적 문제에 대한 성찰을 읽어낸다. "안나 조는 분열된 자기를 거쳐서야만 자기의 정체성을 확보할 수 있게 된 것이다." 이러한 고전적 해석은 이 드라마의 전체적 품격에 대한 일면 타당한 해설이지만, 안나/상실의 매력의 핵심을 제대로 짚었다고 생각되지는 않는다. 이은애, 「'기능전환'을 통한 트랜디 드라마 서사구조의 새로운 변화 가능성을 위한 시론」, 『한국현대문예비평연구』 23, 한국현대문예비평학회, 2007, 387쪽.

대한 관습적 고정관념을 깨뜨린 것이다. 이처럼 여성에 대한 이분법적 통념을 뒤집었다는 점에서 이 드라마의 주인공 안나/상실을 K-드라마 마녀의 계보에 올릴 수 있겠다.

2. 권력 욕망의 화신, 〈선덕여왕〉[10]의 미실

<선덕여왕>은 정치권력의 정점을 향해 가는 두 여자의 대결을 그림으로써 여성들을 정치 무대의 중심으로 불러들인 보기 드문 경우이다. 그간 사극에서 여성들이 왕이나 왕손 등 권력자의 주변에서 그 남성들을 통해 간접적으로 권력을 누리고자 암투를 벌여왔다면, <선덕여왕>에서 두 여성 덕만(이요원 분)과 미실(고현정 분)은 본인들이 직접 권력의 한복판에서 최고 권력자가 되기 위한 진검승부를 시전한다. 이들은 각자 자기 사람을 만들어 세를 규합하고, 치열하게 기지와 전략의 대결을 펼치며, 서로 다른 정치관과 전망을 두고 쟁투를 벌인다.

<선덕여왕>이 여성 정치인들을 내세워 여성이 주체가 되는 정치드라마의 새로운 가능성을 선보였음에도 불구하고, 이 드라마는 여전히 영웅서사물의 몇 가지 장르 관습적 한계 안에 갇혀 있다. 우선 천명이라는 운명예정설이 드라마 전체를 좌우하는데, 어차피 왕위는 덕만에게 가도록 운명지어져 있는 셈이다. 천명은 성골이라

---

10 〈선덕여왕〉은 김영현 · 박상연 극본, 박홍균 · 김근홍 연출로 MBC-TV에서 2009년 5월 25일부터 12월 22일까지 방영된 62부작 월화드라마이다.

는 적자에게 왕위가 돌아가야만 한다는 적통에 대한 뿌리 깊은 정당화 논리이다. 게다가 덕만은 어려서부터 남자로 행세해온 남장여자로 남성 영웅성장서사의 과정들을 고스란히 되밟는다. 박명진은 덕만이 성장하고 대업을 이룰 수 있었던 것은 "모두 남성들의 가치를 온전히 자신의 것으로 받아들인 이후에나 가능했던 것"이라고 설명한다.[11]

문제는 이러한 적통의 '대리 남성' 덕만과 그와 달리 일개 색공을 바치던 '팜므파탈' 미실이 선악의 구도로 대치한다는 것이다. 이러한 선악 구도의 기본적 교훈은 여성이 대업을 이루려면 자신의 여성적 속성은 억압해야만 하며[12], 여성의 섹슈얼리티는 근본적으로 악하다는 것이다. 그러나 이것을 뒤집어 말하면, 여성의 권력의지가 여성 자신(여성의 섹슈얼리티는 물론 여성에게 부과되는 모든 젠더 규범)을 넘어설 수 있다는 의미가 될 수도 있다.

실제로 이 드라마의 독보적 마력은 선악의 기본 구도를 뚫고 튀어나오는 미실의 정치적 카리스마이다. 미실은 표독스럽고 악독

11 박명진, 「텔레비전 역사드라마 〈선덕여왕〉에 나타난 정치 투쟁과 성 정체성」, 『텔레비전 드라마, 역사를 사유하다』, 텔레비전드라마연구회 지음, 소명출판, 2014, 77쪽.
12 양근애는 "이 드라마는 섹슈얼리티를 이용하여 권력을 휘두르는 여성과 자신의 성별을 지워야만 했던 여성 권력자의 모습을 대비시킴으로써 기존에 재현된 여성 이미지에 균열적 지대를 마련"했다고 보면서, 미실의 섹슈얼리티가 시각적으로 재현되지 않은 것에 대해 "따라서 미실과 덕만은 서로 다른 젠더 무의식의 귀환이면서도 결국 텔레비전 드라마에서 재현되는 효과는 크게 다르지 않다. 덕만과 미실은 정치권력의 최정상에 오르기 위해 여성으로서의 젠더를 억압해야했다."고 주장한다. 그러나 미실의 섹슈얼리티는 특별한 성애적 장면이 등장하지 않아도 고현정이 연기한 미실의 요염한 얼굴 표정만으로 충분히 표현된다고 볼 수 있다. 양근애, 「역사드라마의 젠더와 정치성」, 『한국극예술연구』 62, 한국극예술학회, 2018, 238, 242쪽.

한 전형적인 요부형 악녀들과 달리 배포와 야망이 남다른 정치 전략가이자 사람의 마음과 우주의 기운을 읽고 활용하는 술책가이다. 부드러우면서 기품이 있는 미실의 요염한 카리스마는 배우 고현정의 다채롭고 풍부한 얼굴과 몸짓 표현들로 힘을 받았다.

그녀가 규범과 금기를 넘어 많은 왕과 화랑들과 정을 통하고, 그들을 권력의 자리에 배치하는 실질적 권력을 확보하는 것은 남성들에 대한 지배와 통제를 의미한다. 그녀의 넘치는 섹슈얼리티는 단지 권력 획득을 위한 수단에 그치지 않고 그 자체가 그녀 자신과 분리할 수 없는 미실이라는 존재 자체를 드러내 준다. 게다가 미실은 대원신통이라는 왕비를 배출하는 모계 계승 혈통의 중심 자리를 차지함으로써 모계 중심의 세력을 확립하며, 그럼에도 불구하고 모성애를 배반하는 방식으로 권력을 획득한다.[13]

덕만이 여왕에 등극할 수 있었던 것은 이러한 미실이라는 대적에 의해서이다. 덕만은 백성을 어리석고 무지한 존재들로 보는 미실의 공포정치와는 달리, 백성을 섬기는 합리적이고 도덕적인 정치를 추구한다. 그러나 덕만은 비담을 이용해 천명과 예언을 증명하는 사기극(일식을 '계산'해 넣은 것이 사기극을 완벽하게 해준다.)

---

13 "권력의 정점에 서기 위한 정치 논리 앞에 모든 것을 바치고, 자신을 둘러싼 가장 기본적인 관계인 가족조차 보호하기보다 개인의 욕망을 위해 휘두른다. 미실의 이러한 모습은 일반적으로 생각하는 모성애를 지닌 여성의 모습과 위배되는 행태다."(조수빈, 「현실이 갈구하는 여성 리더십의 판타지」, 『플랫폼』, 인천문화재단, 2010, 32쪽.) 이 글은 자신의 정치적 욕망을 위해 자기 자신마저 버리는 미실의 모습을 전형적 남성적 리더십이라고 해석한다. 그러나 모성성을 넘어서는 미실의 모습에서 필자는 남성적 위세와는 전혀 다른 마녀의 기운을 발견한다.

을 펼침으로써 '개양자'로 등극하는데, 이는 정확히 혹세무민하는 미실의 방식을 그대로 따르는 것이다. 물론 미실도 덕만의 왕위 계승 의지에 자극을 받아 "이 미실이 한 번도 상상하지 못했던 왕으로의 길, 패업으로의 길"이라는 깨달음을 얻고 왕이 되기 위해 반란을 일으킨다.

반란이 실패하고 미실의 세력이 모두 투항하자, 미실은 독약을 마시고 자살을 택함으로써 마지막까지 여걸적 풍모를 과시한다. "새주 미실, 당신이 없었다면 난 아무것도 아니었을지 모릅니다. 미실, 미실의 시대, 안녕히." 신라 최초의 여왕의 자리에 올라 되뇌는 감회어린 덕만의 속말은 미실의 정치력과 과잉 권력 욕망이 덕만 자신을 추동했음을 잘 드러낸다. 남자들을 '잡아먹는' 미실의 과잉 섹슈얼리티와 모성애를 초과하는 끝 모를 권력욕은 그녀를 가부장 사회에 스크래치를 내는 마녀로 내세우기에 손색이 없다.

3. 모호함의/이라는 가면 전략, 〈미스티〉[14]의 고혜란[15]

치정멜로에 범죄스릴러, 정치사회물의 성격이 혼재된 복합적 드라마 〈미스티〉는 과도한 공적 욕망을 가진 여자가 처하는 위기

14　〈미스티〉는 제인 극본, 모완일 연출로 JTBC-TV에서 2018년 2월 2일부터 3월 24일까지 금토에 방영된 16부작 드라마이다.
15　이 부분은 〈미스티〉의 고혜란의 소구성을 '악의 미학화' 현상의 일례로 분석한 필자의 논문을 주로 참조하였다. 신주진, 「한국 TV드라마 속 '악의 미학화' 현상에 대한 고찰: 〈미스티〉를 중심으로」, 『여성문학연구』 44호, 한국여성문학학회, 2018.

와 곤경의 이야기이다. 이 여자는 자신에 대한 온갖 의혹과 추문들, 사회적 처벌과 단죄의 움직임에 맞서 싸운다. 성공한 여성앵커 고혜란(김남주 분)에게 따라붙는 소파 승진과 남편 찬스 등 온갖 소문들은 옛 연인 케빈 리(고준 분) 살해 의혹으로 정점에 이르고, 그녀는 위기를 기회로 바꾸기 위해 위험한 승부수를 던지면서 위태로운 욕망의 사다리를 오른다.

흥미로운 건 그녀가 단지 살인사건에 관한 억측의 불운한 희생자, 온갖 추문들의 억울한 피해자의 자리에 쉽게 놓이지 않는다는 것이다. 그녀는 경쟁에서 이기기 위해서라면 비열한 술수와 음모, 야비한 편법과 범법을 마다하지 않으며, 그 모든 것을 단호한 결단과 놀라운 실행력으로 수행한다. 그리고 그 모든 것에는 공신력 있는 앵커가 행사하는 진실 보도와 사회 정의라는 명분이 따라붙는다.

문제는 우리가 그녀의 진짜 정체를 알아채는 것이 거의 불가능하다는 것이다. 그녀는 케빈 리 살해범인가 아닌가, 케빈 리와의 치정은 사실인가 거짓인가, 그에 앞서 그녀가 19년 전 금은방주인 살인사건의 범인인가 아닌가, 그녀는 결국 악녀인가 아닌가, 이 모든 의혹들은 그녀가 부르짖는 사회 정의와 어떻게 관련되는가 혹은 무관한 것인가.

드라마는 혜란의 정체에 대한 의심과 의혹을 중심으로 시종일관 극을 긴장으로 이끄는데, 그녀가 앵커로서 탁월한 기획력과 진행 능력을 발휘하고 주가를 높일수록 긴장은 배가된다. 심지어 남편 강태욱(지진희 분)이 케빈 리 살해범으로 밝혀진 이후에도 혜란은 여전히 남편을 살해범으로 만들고 옛 연인을 죽음으로 내몰았다는 의혹에서 벗어나지 못한다. 그리고 혜란을 매혹적 주체이자 욕망의 대상으로 만들어주는 것이 바로 그러한 그녀의 모호한 정체이다.

혜란의 정체의 모호함은 공적 수행에 참여하는 여성들의 무의식적 기제로서 조앤 리비에르(Joan Riviere)가 말한 '가면으로서의 여성성' 개념을 통해 설명할 수 있다. 리비에르는 뛰어난 공적 수행 능력을 가진 여성들이 남성들로부터 보복을 피하기 위해 여성다움의 가면을 쓸지도 모른다고 주장한다.[16] 혜란에게 마이크(페니스를 상징하기도 한다)를 들고 공적으로 말할 수 있는 힘이 주어지는 것은 역설적으로 그녀가 화려한 옷과 메이크업으로 치장을 하고 여성성이라는 가면을 썼을 때이다

그런데 혜란은 여성성의 가면 위에 위악의 가면을 덧쓰는데, 이는 "그녀가 그 여성성의 가면으로 온전히 가려지지 않는 어떤 잉여를 가지고 있다는 것"으로, "여성성의 가면이 여성들이 자신의 위험을 감추는 위장 전략이라면, 위악성의 가면은 반대로 자신이 위험한 여성임을 과시하는 것과 관련된다."[17] 이를 자기 욕망의 위험성을 감추면서 드러내는 이중적 가면의 전략이라고 볼 수 있으며, 이는 공적 성공을 열망하는 혜란이 남성들의 처벌을 피하면서 자신의 존재를 부각시키는 영리한 방책이라고 할 수 있다.

16 Joan Riviere, "Womanliness as Masquerade", *International Journal of Psychoanalysis* 10, 1929, p.35.
17 신주진(2018), 앞의 논문, 324쪽.

이러한 이중적 가면을 쓴 혜란의 모호한 정체는 남자들에게 불안과 공포를 안기면서 보복의 기회를 노리게 하지만, 이는 동시에 소유할 수 없는 욕망의 대상에 대한 강렬한 매혹을 불러일으킨다. 돌아온 케빈 리의 복수도, 강태욱의 케빈 리 살해도 모두 가질 수 없는 대상에 대한 사랑이라는 이름의 지배와 통제의 욕동이다.[18]

그러나 혜란의 정체는 모호하며, 그녀의 욕망도 모호하다. 그녀는 정말 사회 정의 실현을 추구하는 것인가, 아니면 단지 남자들의 자리를 빼앗고 싶은 것일까. 그녀는 남편과 남자들을 이용하면서도 결코 가정 영역에 귀속되지 않으며 남자들의 지배와 통제에 갇히지도 않는다. 그녀는 자신의 인정과 성공, 생존과 존재증명을 위해 가부장제의 틀과 규범을 아주 가뿐히 뛰어넘는 이 시대의 진정한 마녀이다.

4. 사디스트의 향락, 〈하이에나〉[19]의 정금자

〈미스티〉의 고혜란 못지않게 가난한 삶의 처절함을 겪었던 여자가 〈하이에나〉의 정금자(김혜수 분)이다. 아니 한술 더 떠 금자는

18　"무슨 사이입니까, 두 사람?…케빈 리하고 혜란이, 언제부터였는데요, 두 사람?…안다고 생각했는데, 그럴수록 점점 잘 모르겠어요. 아이를 지웠을 때도, 지금도, 난 점점 혜란일 잘 모르겠어요."(5부), "7년이나 네 남편으로 살아왔는데도 난 여전히 그래, 여전히 널 갖고 싶어."(11부) 남편 태욱의 대사는 혜란의 모호한 정체가 그의 질투와 보복, 사랑과 소유 욕망을 자극함을 명확히 보여준다.

19　〈하이에나〉는 김루리 극본, 장태유 연출로 SBS-TV에서 2020년 2월 21일부터 4월 11일까지 금토에 방영된 16부작 드라마이다.

근친 폭력과 살인으로 얼룩진 저 까마득한 밑바닥 인생의 어두운 과거를 갖고 있다. 마치 영화 <친절한 금자씨>의 금자의 환생인 듯 그녀는 정금자라는 가명을 내세웠다. 그러나 고혜란과 정반대로 금자는 사회 정의를 내세우기는커녕 돈 되는 일은 대놓고 뭐든 하는 하이에나 변호사로 사채해결사나 사설탐정과 다를 바가 없다. 족보도 인맥도 없는 고졸 출신에다 뒷골목 양아치 같은 자세로 버텨온 그녀는 돈 있고 힘 있는 놈들에게 붙어서 그들의 위법과 탈법을 무마시켜주고 돈을 번다. "하이에나 똥이 왜 하얀지 알아? 썩은 거든 산 거든 뼈째 씹어 먹거든."(11부) 어떤 상황에서도 살아남을 수 있는 금자의 본능적 촉수, 어떤 협박과 위력에도 굴하지 않는 그녀의 야생적 근성은 섬뜩함을 자아낸다.

우리는 그녀를 생존을 위해 도덕과 양심과 가치를 모두 내던진 신자유주의 시대의 탁월한 자기주도형 주체로 볼 수도 있다. 그러나 이렇게 해석하면 정금자의 매력의 핵심을 놓치는 것이다. 비유하자면 금자는 자본주의 사회의 외설적 법을 온몸으로 수행하는 일종의 사디스트라고 할 수 있다. 자신이 감방에 보낸 아버지가 돌아오면서 자주 우울증자의 면모를 보이지만, 그녀는 이내 사디스트의 본분을 유지한다.

입양된 어린 시절 아버지의 폭력으로 엄마를 잃고, 아버지의 칼 쥔 손을 잡아 자신을 찌름으로써 그를 살인미수로 감방에 보낸 금자는 자신 안에 (죽은) 엄마와 (상징적으로 자신이 죽인) 아버지를 모두 합체한 우울증 주체[20]라고 할 수 있다. 자신의 끔찍한 기억과 현실에서 벗어나고자 하는 안간힘은 그녀가 힘들 때마다 사기를 북돋우기 위해 보러 오는, 금자의 최종 꿈인 거대한 빌딩을 바라보는 장면에서 잘 나타난다.

"나는 입양됐다 파양되면 다시 여기로 돌아왔다. 그러는 사이 이렇게 큰 건물이 세워졌다. 이 건물을 볼 때마다 아주 끔찍했다. 버려질 때마다 여기로 왔으니까. 차라리 여기를 사버리자고 마음먹었다"(16부). 버려짐에 대한 공포가 그녀를 계속 우울증자로 남게 하는 것이며, 거대한 빌딩에 리비도를 투여하는 물신주의로의 도착이 발생하는 것도 자신 안의 상실, 결핍, 구멍을 부인하기 위한 것으로 볼 수 있다.[21]

'차라리 여기를 사버리겠다'는 금자의 다짐은 금자가 물신주의를 넘어 사디즘으로 나아가는 단초를 말해준다. 지젝에 의하면 라캉에게 사디스트와 같은 도착증자는 어떤 대타자 형상(여기서는

20　프로이트는 우울증을 대상 상실에 따른 대상의 병합과 자기 비난의 심리 상태로 설명하는데, "우울증에서 분명 환자 자신이 즐기는 듯 보이는 자기 고통은 강박 신경증에서 나타나는 비슷한 증상과 마찬가지로 어떤 대상을 향한 사디즘과 증오 속에서 만족을 느끼는 것과 다를 바 없다"고 기술한다. 그는 우울증의 자기 비난이 "주체 자신의 자아에게로 환원된 사디즘과 증오"라고 설명하여 우울증과 사디즘의 깊은 연관을 말해준다. 지그문트 프로이트, 「슬픔과 우울증」, 『정신분석학의 근본 개념』, 열린책들, 윤희기 · 박찬부 옮김, 2003(재판), 255쪽.

21　자크 라캉에 따르면 아버지 법의 거세(결여)를 부인하는 정신적 증상이 도착증이다. 도착증은 "부권적 기능이 부분적으로 실패했기 때문에 나타난 것"으로, 도착증의 핵심 기제인 "부인은 (아버지의 법을 통해 표현되는) 부권적 기능을 지탱하기 위한 시도로 해석될 수 있다. 부인은 타자로 하여금 법을 공표하도록 만들거나, 자기 자신을 법의 자리에 위치시키는 것이다."(브루스 핑크, 『라캉과 정신의학』, 맹정현 옮김, 민음사, 2002, 301쪽) 대표적인 도착증에는 물신주의와 사도마조히즘이 있다. 물신주의에서 사디즘으로 나아가는 금자는 자본주의를 대리하는 탁월한 도착증자라고 할 수 있다.

자본주의 그 자체)에 직접 접근할 수 있다고 주장하며, 자신이 "직접 대타자의 의지의 도구로서 행위 할 수 있다"고 믿고 행동하는 사람이다.[22] 어린 그녀가 자신의 몸을 도구로 바침으로써(그녀는 아버지의 칼에 찔리는 그 모든 상황을 스스로 기획하고 실행했다) 아버지의 폭력, 가부장제의 폭력성을 실현한 것처럼, 법을 다루는 변호사가 된 금자는 대타자 자본주의의 논리를 스스로 완벽하게 수행함으로써 그 폭력성을 실현한다. 그녀에게 돈과 승부의 논리 외에 정의나 사명감 따위는 없다. 그것이 설사 드라마 안에서 거악을 무너뜨리는 결말을 도출한다고 해도 상황은 달라지지 않는다.

이렇게 금자는 (거세되지 않은, 거세할 수 없는) 외설적이고 초월적인 아버지 법의 폭력성, 자본주의의 근본 원리를 구현함으로써 역설적으로 그것의 불완전성, 부권적 기능의 부분적 실패와 몰락을 증명하는 것이다. 사디스트로서 금자의 주이상스, 마녀의 향락이 위치하는 곳이 바로 여기이다. 그녀가 법의 수행 이외에 어떤 것도 즐기지 않는다는 것, 심지어 윤희재(주지훈 분)와의 로맨스도 그와의 협업을 위한 너무나 사소한 작은 계기일 뿐이라는 것, 그리고 진정 그녀의 향락은 바로 그 모든 것을 넘어선 그녀의 위치 자체에서 비롯된다는 것이다.[23]

---

22 슬라보예 지젝, 『How To Read 라캉』, 박정수 옮김, 웅진 지식하우스, 2007, 179-180쪽.
23 라캉은 "'희열'이라는 게 있다. 우리는 지금 '희열'이라는 걸 다루고 있는데 육체의 '희열', 그걸 표현할 수 있다면 그건 '남근을 넘어서(beyond the phallus)'일 것이다."라고 말하면서, 여성적 주이상스를 통한 여성 해방의 가능성을 주장한다. 자크 라캉, 『욕망 이론』, 권택영

5. 마녀가 아닌 마녀, 〈사이코지만 괜찮아〉24의 고문영

〈사이코지만 괜찮아〉는 지금까지의 어떤 드라마들보다 마녀에 관해 많이 언급하는 텍스트이며, 마녀의 성을 비롯해 온통 마녀와 관련된 의상과 장치, 이미지들로 넘쳐난다. 주인공 고문영(서예지 분)은 외따로 떨어진 성에서 마녀 같은 엄마(와 폭력적인 아빠)에 의해 마녀로 길러진 공주이다. "엄마, 나는요 이쁜 마녀가 될래요." 문영은 이쁜 마녀라는 마녀와 공주의 혼성체로서, 문강태(김수현 분)에게는 "인격이 고장난 사람, 양심에 구멍이 뚫린 사람, 눈빛에 온기가 전혀 없는 그런 여자"로 기억되는 얼음공주 마녀이다.

마녀로서 문영의 역할은 두 가지이다. 하나는 베스트셀러 동화작가로서 문영이 들려주는 잔혹동화이다. 그녀는 어린이들에게 현실이 예쁘고 아름다운 동화 속 세계가 아니라는 걸 알려주는, 팀 버튼 식 잔혹동화를 유포시킨다. 현실의 잔혹함을 감추는 동화들을 뒤집고 다시 쓰기하는 것이 현실 마녀의 역할이다. 게다가 그녀는 그러한 잔인한 현실을 피해 도망다니며 자기 세계에 갇혀 사는 정신병동 환자들에게 자신들의 상처와 고통, 현실을 직시하고 맞설 것을 종용한다. 실제로 문영은 몇몇 사람들을 자기 내면세계에서 끄집어내어 세상 속에 발 딛게 만들기도 한다.

엮음, 민승기 · 이미선 · 권택영 옮김, 문예출판사, 2009(제2판), 299쪽.
24 〈사이코지만 괜찮아〉는 조용 극본, 박신우 연출로 tvN에서 2020년 6월 20일부터 8월 9일까지 토, 일에 방영된 16부작 드라마이다.

마녀 고문영의 또 하나의 역할은 자폐인 형 상태(오정세 분)에 대한 책임감으로 옴짝달싹 못하는 강태를 형의 소유물이 아닌 온전한 그 자신의 것으로 되돌리는 것이다. 문영은 강태에게 현실의 책무와 강박, 죄의식에서 벗어나라고 부추기면서, 강태 자신의 욕망과 쾌락을 찾으라고 유혹하는 마녀이다.

재미있는 건 문영이 강태를 유혹하는 노골적인 방식이다. "예쁘네, 탐나.", "너, 먹고 떨어질게. 문강태, 나 주라." 마치 동화 속 마녀나 늑대가 어린 소녀를 잡아먹겠다는 투로 대놓고 해대는 성희롱적 멘트와 입맛을 다시는 듯한 느끼한 표정과 굵은 목소리는 전형적인 남성 유혹자의 행태를 부정적이고 과장된 직설법으로 흉내 낸다. "돈 많이 줄게. 얼마야? 얼마면 돼?"나 "하여튼 고분고분한 맛이 없어." 같은 표현은 과거 드라마에서 남자주인공들이 뻗대는 여자주인공들에게 흔히 내뱉던 대사들을 패러디하는 것이기도 하다.

이를 일종의 미러링이라 볼 수도 있다. 로맨틱 코미디의 여성과 남성의 고정된 젠더 역할을 코믹하게 역전시킴으로써 여/남의 불균등한 힘 관계를 드러내고 남성들의 여성에 대한 일상적인 성적 대상화와 폭력을 폭로하는 것이다. "이 전략에서 여성은 여성이 아니라 남성의 목소리를 모방하는 가운데 남성들의 대상화 논리를 그대로 남성들에게 반사한다."[25]

그러나 잔혹한 현실을 일깨우고 진짜 자기 욕망을 찾아가게

---

25 이현재, 『여성혐오 그 후, 우리가 만난 비체들』, 들녘, 2016, 40쪽.

몰아대던 마녀 고문영의 파워는 결국 막바지 동화의 판타지 세계 속에서 시들해진다. 이는 수간호사가 죽은 줄 알았던 문영의 엄마로 밝혀지는 드라마의 마지막 반전 속에서, 착한 마녀와 나쁜 마녀로 갈라지는 마녀의 이중화 방식에 의해서이다. 죽어서도 죽지 않는 끔찍한 엄마 괴물, 식욕만 있고 온기는 없는 아귀 같은 진짜 마녀의 귀환으로, 문영은 단지 그 마녀에 의해 공포와 두려움, 악몽을 먹고 자란 외롭고 연약한 가짜 마녀였음이 드러난다.

최종적으로 회복과 화해의 판타지를 펼쳐 보이는 이 드라마에서, 세 주인공은 모두 덜 자란 어린애에서 트라우마를 치유하고 독립적인 인간으로, 독립적 인간들의 성숙한 유대로 한 뼘 성장한다. 마음이 아프고 정신이 어린 어른들이 영혼이 자라나 진짜 어른으로 성장하는 이야기는 결국 "약한 것들끼리 똘똘 뭉쳐" 진짜 마녀를 물리치는 동화 속 세계로 되돌아간다. 고문영 작가가 뒤집으려 했던 바로 그 기존의 동화 속 판타지 세계로 말이다. 그리하여 이러한 마녀의 이원화는 아쉽게도 다시 여성의 이원화로 회귀한다.

* * *

지금까지 살펴본 드라마 속 다섯 명의 마녀들은 모두 이름과 정체를 바꾸거나(바뀌거나), 가면을 쓰거나, 변신을 시도한다. 때론 위악적이고 때론 위선적인, 이 마녀들의 가면과 변신의 전략은 의식적이기도 하고 무의식적이기도 한 젠더 수행 전략으로 볼 수 있다. 그녀들의 현란하고 과장된 액션과 제스처는 기존의 젠더 체계를 교란하고 역전시키는 특유의 전시와 행동의 방식인 셈이다. 그녀들은 여성에 대한 금지와 규제, 금기들을 위반하는 여성들로서, 착한 여자와 모성성의 신화를 거부하며, 과잉 섹슈얼리티를 드러내고, 자신의 사적/공적 욕망을 거침없이 표현한다.

위험하지만 매혹적인 드라마 속 이 여성들은 강력한 매력을 지닌 멋진 여자 배우들이라는 후광 속에 그냥 겉모습만 화려한 판타지이거나 또 하나의 여성 물신이 될 수도 있다. 또한 반대로 그녀들의 일탈과 위반은 현실을 살아가는 다양한 탈젠더 주체들에 비할 때 너무 안전하거나 얄팍하다는 느낌을 주기도 한다. 그러나 대다수 K-드라마 안에서 장르 관행에 따라 지속되는 여성들의 고정적 이미지, 젠더 관습과 젠더 규범이 여전히 만연해 있는 상황을 고려해 볼 때, 이 다섯 마녀들이 시사하는 저항과 도발의 의미가 그리 가볍지만은 않다고 하겠다.

K-드라마 속 마녀들은 여성에 대한 혐오와 폭력이 넘쳐나는 21세기 한국 사회에서 그러한 혐오와 폭력의 시선에 정면으로 맞서는 화력 좋은 히로인들이다. 그녀들은 여성을 악녀로 의심하고 마녀로 몰아가는 의혹에 대해 '아니야, 난 악녀가 아니야' 하는 부정적이고 수세적인 자세가 아니라, '그래 난 마녀야, 어쩔래?'라는 공격적 방식을 택한다. 이러한 반격은 불균형한 젠더 권력 관계를 바로잡기 위한 여성들의 지난하고 오랜 투쟁에서 벼려진 하나의 핵심적인 전략이다. 마녀는 죽지 않는다.

참고문헌

박명진, 「텔레비전 역사드라마 <선덕여왕>에 나타난 정치 투쟁과 성 정체성」, 『텔레비전 드라마, 역사를 사유하다』, 텔레비전드라마연구회 지음, 소명출판, 2014.

브루스 핑크, 『라캉과 정신의학』, 맹정현 옮김, 민음사, 2002.

슐라미스 파이어스톤, 『성의 변증법』, 김민예숙·유숙열 옮김, 꾸리에, 2016.

신주진, 『뻔fun한 드라마 찡한 러브』, 도서출판 여이연, 2007.

_____, 「한국 TV드라마 속 '악의 미학화' 현상에 대한 고찰: <미스티>를 중심으로」, 『여성문학연구』 44호, 한국여성문학학회, 2018.

실비아 페데리치, 『캘리번과 마녀』, 황성원·김민철 옮김, 갈무리, 2011.

_____, 『혁명의 영점』, 황성원 옮김, 갈무리, 2013.

양근애, 「역사드라마의 젠더와 정치성」, 『한국극예술연구』 62, 한국극예술학회, 2018.

이은애, 「'기능전환'을 통한 트랜디 드라마 서사구조의 새로운 변화 가능성을 위한 시론」, 『한국현대문예비평연구』 23, 한국현대문예비평학회, 2007.

이현재, 『여성혐오 그 후, 우리가 만난 비체들』, 들녘, 2016.

자크 라캉, 『욕망 이론』, 권택영 엮음, 민승기·이미선·권택영 옮김, 문예출판사, 2009(제2판).

조수빈, 「현실이 갈구하는 여성 리더십의 판타지」, 『플랫폼』, 인천문화재단, 2010.

지그문트 프로이트, 「슬픔과 우울증」, 『정신분석학의 근본 개념』, 열린책들, 윤희기·박찬부 옮김, 2003(재간).

Joan Riviere, "Womanliness as Masquerade", *International Journal of Psychoanalysis* 10, 1929.

모니크 위티그와 폴 B. 프레시아도, 세상을 마녀로 뒤덮기

김한올

우리시대의 마녀

매혹적인 두려움은 어떻게 세상을 바꾸는가

프랑스어로 마녀를 의미하는 'Sorcière'는 운명이라는 뜻의 라틴어 'Sors'에서 유래되었다. 이 라틴어 단어가 운명 외에도 신탁 및 예언이라는 뜻을 가지고 있는 것을 고려한다면 마녀는 운명을 점치는 사람이자, 운명을 말하는 사람이다. 이 운명을 담당하는 여성은 어떤 이유로 사회에 위협적인 존재가 되어 박해를 받았을까? 스위스 출신의 기자이자 작가인 모나 숄레(Monat Chollet, 1973-)는 저서 『마녀』에서 프랑스 정치학자인 아르멜 르 브라-쇼파드(Armelle Le Bras-Chopard, 1950-)를 인용하여 다음과 같이 적는다.

마녀의 비행은 "이동의 자유를 상징한다. (…) 마녀는 막대기나 의자의 다리 하나를 무릎 사이에 끼어 자신에게는 없는 음경으로 대용한다. 이로써 상상으로나마 자신의 성기를 버리고 여성 젠더의 한계를 뛰어넘는다. 그러고는 사회적 차원에서 남성의 전유물인 이 이동의 용이성을 자신의 것으로 삼는다. (…) 그녀가 이 독립성을 스스로 취한 것, 말하자면 그녀를 지배함으로써 자유를 행사하는 자한테서 벗어난 것은 그녀가 그에게서 힘의 일부를 가로챘음을 말한다. 즉 이 비행은 일종의 절도라 할 수 있다."[1]

1 Armelle Le Bras-Chopard, *Les putains du diable. Le procès en sorcellerie des femmes*, Plon, 2006, p. 70. Monat Chollet, *Sorcières. La puissance invaincue des femmes*, Zones, 2018.에서 재인용. 한국어 번역본 『마녀』, 유정애 옮김, 마음서재, 2021.

여성이 스스로 자신의 운명을 점치고, 더 나아가 자신의 운명을 만들어나갈 때 그녀는 두려움을 불러일으키는 존재가 된다. 그녀는 남편과 사회의 통제로부터 벗어나 예측 불가능해지고 자유로워진다. 프랑스어 단어 '비행(Vol)'의 동음이의어는 '절도(Vol)'이다. 즉, 여성은 비행을 통해 남성에게서 자유를 훔쳐온다. 위 인용문에서 마녀의 비행 도구인 막대기 및 의자 다리는 음경으로 대체되는데, 이는 여성이 비행을 통해 남성의 권력을 훔치고, 이를 통해 남성 권력을 전복시키는 것을 의미한다.

본 글에서는 이처럼 자신의 운명을 스스로 결정함으로써 가부장 권위에 균열을 내는 두 명의 마녀를 살펴볼 것이다. 프랑스의 페미니스트 작가인 모니크 위티그(Monique Wittig, 1935~2003)는 이성애를 개인 간의 관계가 아닌 사회 체제로 보면서, 여성을 성적인 존재로 축소하는 이성애 체제로부터 벗어날 것을 주장한다. 위티그의 레즈비언 마녀는 남성이 주인으로 군림할 자리를 내어주지 않음으로써 자유를 획득한다. 한편 퀴어 이론가이자 철학자, 큐레이터인 폴 B. 프레시아도(Paul B. Preciado, 1970~)는 『대항성 선언』[2]에서 인공 성기 모델, 즉 딜도를 음경에 선행하는 것으로 사유하면서 더 직접적인 방식으로 남성에게서 음경을 훔친다. 그는 음경의 특권적 지위를 실추시키면서 동시에 생물학적 성 구분의 허상을 폭로한다.

프레시아도는 『말하는 괴물』[3]에서 다음과 같이 질문한다. "왜

---

2 Paul B. Preciado, *Maniteste contra-sexuel*, Balland, 2000.

여성성을 포기하는 것이 페미니즘의 기본적인 전략이 될 수 없을까?"[4] '여자답지 않은' 여자아이였고, 이후 부치로 정체화하였으며 현재 남성으로 법정 성별을 변경한 젠더 퀴어인 프레시아도에게 이는 당연한 질문일 수 있다. 젠더 디스포리아를 겪지 않는 여성과 비교했을 때 상대적으로 더 쉽게 여성성을 포기할 수 있었을 것으로 보이기 때문이다. 따라서 한편으로 여성성을 포기하는 작업이 그가 던진 질문의 무게보다 복잡하고 지난한 과정을 포함하고 있는 것은 아닐까 반문하게 되기도 한다. 그러나 그럼에도 프레시아도의 질문은 여성성과 남성성이 여전히 공고하게 구분되어 있는 사회에서 유의미한 문제의식을 보여준다.

사실 프레시아도 뿐만 아니라 과거와 현재의 수많은 페미니스트들이 끊임없이 같은 질문을 던져왔으며, 이 질문에 어떤 답을 하느냐에 따라 그들이 공감하는 페미니즘의 갈래가 나뉘었다. 이 질문에 대한 다양한 답을 우선 여성성을 포기하는 것에 공감하는 것과, 이에 반대하는 것으로 나눌 수 있다. 이러한 분류는 여성성을 부정하고 긍정하는 것과 궤를 같이 한다. 만약 여성성을 가부장제 사회가 여성에게 강요하는 자질 혹은 덕목과 동일한 것으로 본다면, 페미니즘은 여성성을 거부할 것이고, 여성 해방을 위해 어떻게 이러한 강제된 '여성성'으로부터 벗어나야 하는지를 이야기할 것이

---

3 Paul B. Preciado, *Je suis un monstre qui vous parle*, Grasset, 2020.
4 *Ibid.*, p. 27.

다. 반대로 여성성을 보편성으로서의 남성성과 구분되는, 즉 성차를 보여주는 여성의 고유한 특성으로 본다면, 페미니즘은 가부장제의 역사 속에서 가치 절하되고 열등한 것으로 여겨졌던 여성성을 구하기 위해 노력할 것이다. 다시 말해 후자의 페미니즘은 프레시아도의 질문에 왜 우리가 여성성을 포기해야 하느냐고 반문할 것이며, 여성적 글쓰기와 같은 실천을 통해 남성 언어의 우월한 지위를 박탈하고, 여성 고유의 상상계를 만들어 나가려 노력할 것이다.

그런데 두 방향의 페미니즘이 여성성을 포기하는 문제에 대해 서로 다른 결론에 도달하더라도 그들이 부정하고 또 긍정하는 '여성성'은 모두 여성의 생물학적인 특성에서 기인하는 것처럼 보인다. 먼저 여성성을 일종의 사회적 억압으로 보는 시각은 가부장제가 정의한 규범적 여성성의 개념을 그대로 받아들인다. 남성과 달리 출산을 하는 여성은 가부장제 사회에서 동물적인 존재로, 자신이 잉태한 아이를 향한 본능적인 모성을 가진 존재로 여겨진다. 여성은 사적 영역인 가정 안에서 재생산 노동과 양육을 담당한다. 따라서 페미니즘은 여성에게 강요된 이미지 혹은 역할을 거부하고 이러한 제약으로부터 벗어나고자 한다. 반면 여성성을 남성성과 구분되는, 여성만의 특성이라고 보는 시각 역시 임신, 출산과 같이 가부장제가 포착하지 못하고 타자화하는 여성적 몸의 경험에 여성의 고유성이 있다고 본다.

이처럼 프레시아도가 제시한 질문의 답을 찾아나가는 과정은 페미니즘의 영원한 난제로 여겨지는 생물학적 여성, 즉 생물학적인 몸을 가진 여성을 맞닥뜨린다. 이 교착점에서 본 글은 이제 방향을 바꿔 답으로부터 사유를 전개해나가고자 한다. 여성의 소위 '생물학적' 경험이 존재하고 이를 행하는 여성의 물질로서의 몸이 존재할 때, 이 생물학적인 몸과 불가분리의 관계에 있는 여성성을 부정하거나 긍정하는 것 말고 다른 방식으로 여성을 사유할 수 있을까?

1. 모니크 위티그: 레즈비언에서 마녀로

프랑스의 페미니스트 작가인 모니크 위티그는 레즈비언을 새로운 주체로 내세우면서 이 문제를 해결하고자 했다. 위티그에게 있어 여성은 몸을 가지고 있지만 몸에 의해 정의되는 존재가 아니라 이성애 체제 속 남성과의 관계 안에서 만들어지는 존재이다. 이때 여성이란 주인인 남성에게 종속된 노예에 지나지 않는데, 이성애 체제는 여성과 남성이라는 성 범주가 자연스러운 구분인 것처럼 보이게 하여, 여성의 노예화를 숨긴다. 즉, "남성성/여성성, 남성/여성은 사회적인 차이가 언제나 경제, 정치, 그리고 이데올로기적 질서의 지배를 받는다는 사실을 감추기 위해 사용"된다.[5] 이성애가 개인 간의 관계가 아니라 사회 체제라는 말은 그것이 사회의 모든 영역에서 이데올로기로서 작동하는 것을 의미하는데, 이러한 사회에서 여성은 언제나 남성에 대해, 남성을 위한 성적인 존재로 축소된다.

---

5 Monique Wittig, *La pensée straight*, Éditions Amsterdam, 2018(2001), p. 44.

레즈비언과 수녀는 이러한 강제된 이성애로부터 벗어날 수 있는 유일한 존재이다. 물론 이성애 체제를 기반으로 하는 가부장제에서는 여전히 자유롭지 않지만, 가장 일차적인 남성과의 이성애 관계로부터 자유롭다. 이 말은 그 관계로부터 만들어지는 남성과 여성이라는 범주에 속하지 않게 된다는 것을 의미한다.

> 레즈비언은 무언가 다른 것, 비여성, 비남성, '자연'의 산물이 아닌 사회의 산물이 되어야 한다. 사회에는 '자연적인' 것이 없기 때문이다. 이성애자 되기(혹은 이성애자로 남아있기)를 거부하는 것은 의식적으로든 아니든 언제나 남성(남성 동성애자의 경우) 혹은 여성이 되는 것을 거부한다는 것을 의미했다.[6]

여성은 이성애 경제와 사고 체계 안에서만 의미를 갖기 때문에, 레즈비언은 여성이 아니다.[7] 이처럼 위티그는 '왜 여성성을 포기하는 것이 페미니즘의 기본적인 전략이 될 수 없을까'라는 질문에 대해, 여성의 생물학적 특징을 긍정 혹은 부정하지 않으면서 여성을 포기하는 방법이 레즈비언 되기라고 제시함으로써 답한다.

그러나 위티그는 여성을 남성에게 종속된 노예로 정의하고, 따라서 '여성'으로부터 벗어날 것을 주장한다는 점에서 결과적으로 여성(성)을 부정적으로 본 것이 아닐까? 다시 말해 그녀는 여성의

---

6 *Ibid.*, p. 57.
7 *Ibid.*, p. 77.

생물학적인 특성을 부정하거나 긍정하지는 않았지만 결국 여성이라는 성적 구분을 폐기해야 한다고 주장함으로써 여성을 부정한 것이 아닐까? 물론 위티그는 이성애를 통해 만들어지는 '여성'의 존재를 이야기하고, 이로부터 벗어날 것을 주장하지만, 동시에 여성의 범주를 벗어난 자유로운 주체로 또 다른 여성인 레즈비언을 내세운다. 따라서 그녀는 여성이라는 존재 자체를 부정한다기보다, 이성애 이데올로기를 자연스러운 현상으로 받아들이고, 그것으로부터 파생된 정체성이 유효하다고 믿기를 거부할 것을 주장한다고 해석할 수 있다.

물론 위티그에 의하면 레즈비언은 여성이 아니다. 하지만 여성을 사랑하는 여성이라는 기존의 레즈비언 정의로 인해 위티그의 레즈비언 주체는 여성이라는 정체성을 그 기저에 함의하고 있을 수밖에 없을 뿐 아니라 독자에게도 계속해서 여성 존재를 환기시킨다. 따라서 위티그가 벗어나야 한다고 주장하는 여성은 물질적인 몸을 가지고 있는 여성이 아니라 이성애 체제 속에 (강제적으로) 속해있는 상태로서의 여성이다.

'레즈비언은 여성이 아니다'라는 단호하고 파격적인 문장으로 인해 위티그의 논의는 주로 정치적 레즈비어니즘으로만 해석되지만, 위티그의 레즈비언 주체에게 있어 유의미한 것은 그녀가 여성을 사랑한다는 것, 혹은 여성과 친밀한 관계를 맺는다는 사실이 아니라 남성과 관계를 맺지 않는다는 점이다. 왜냐하면 중요한 것은 이성애 이데올로기를 인식하고, 그것으로부터 벗어나는 일이기 때문이다. 사회의 모든 영역과 개념이 이성애적 사고를 중심으로 짜여 있을 때 강제적 이성애로부터 벗어나기란 매우 힘들다. 위티그는 그럼에도 불구하고 남성과 관계하지 않음으로써 가능한 한 이성애 체제의 바깥에 존재하기를 주장한 것이고, 그녀의 주장에 실체를 부여하는 방식으로, 동시대에 존재하는 레즈비언을 그 예시로 호명한 것이라 볼 수 있다.

> '여성'을 파괴하는 것은 물리적인 파괴가 아니며, (성 범주를 파괴하는 것에 뒤이어) 레즈비어니즘을 파괴하는 것을 의미하지 않는다. 왜냐하면 레즈비어니즘은 현시점에서 우리가 자유롭게 살 수 있는 유일한 사회적 형태를 제공하기 때문이다.
> 또한 '레즈비언'은 내가 아는 한 **성적 범주**(여성과 남성)을 넘어선 유일한 개념이다. 왜냐하면 해당 주체(레즈비언)는 경제적, 정치적, 이념적으로 여성이 **아니기** 때문이다.[8]

실제로 위티그의 유일한 이론서라고 할 수 있는 『스트레이트 마인드』에서는 레즈비언을 남성과 관계하지 않는 사람이라고 정의할 뿐, 그녀의 다른 문학 작품에서와 다르게 레즈비언의 섹슈얼리티에 관해서는 아무런 내용도 언급되지 않는다. 기존에 존재하는 섹슈얼리티로서의 레즈비언을 탈(脫)이성애 체제의 주체로 내세움

---

8 *Ibid*, p. 64. 강조는 원문.

으로써, 혹은 레즈비언'만'이 이성애 체제를 벗어날 수 있는 존재인 것처럼 기술함으로써(물론 위 인용문에 의하면 다른 예시가 없었던 것은 사실이다) 위티그는 자신의 논의를 일면 탈색시키고 있는 것처럼 보인다. 이미 존재하던 레즈비언 개념만이 억압적인 사회 시스템과 이성애 속 여성이라는 상태로부터 벗어날 수 있는 열쇠라고 이야기함으로써 방점이 이성애 체제의 전복이 아닌 레즈비언 되기에 찍힐 수 있기 때문이다. 따라서 레즈비언이 아닌 여성 혹은 이성애 질서에 편입되어 있는 여성이 그녀의 글을 읽었을 때 느끼는 것은 이성애적 사고를 탈피해야 할 필요성이 아니라 자신은 구원받을 수 없다는 일종의 박탈감일 수 있다.

위티그의 논의를 레즈비언보다 탈이성애를 중심으로 읽는 이유는, 그리하였을 때 그녀가 비판받는 지점에서 그녀의 주장을 더 잘 방어하고 설명할 수 있기 때문이다. 주디스 버틀러는 『젠더 트러블』에서 위티그의 이론에 대해 다음과 같이 적는다.

> 위티그는 이성애 맥락과의 근본적 단절만이, 즉 레즈비언이나 게이가 되는 것만이 이성애 체계를 전복시킬 수 있다고 생각하는 것 같다. 그러나 이런 정치적 결과는 이성애에 대한 모든 '참여'를 이성애적 억압의 반복과 강화라고 생각할 때에만 나온다. 이성애가 근본적인 변화를 필요로 하는 온전한 시스템으로 여겨진다는 바로 그 지점에서 이성애 자체를 재의미화할 가능성이 제거된다. 이성애 체계의 온전함을 가정하는 것은 (...) 위티그의 동성애 및 레즈비언에 대한 개념 이해에 있어서도 지극히 문제적

이다. 동성애는 근본적으로 이성애 틀 '바깥'에 있기에, 이성애의 규범으로는 조건지어지지 않는 것처럼 여겨진다. 이처럼 동성애를 순수하게 만드는 것은 (...) 동성애가 이성애적 문화 배치를 재의미화하는 전복적인 위치에 놓을 때조차 동성애 문화를 이성애의 더 큰 구조 안에 끼워넣는다.[9]

버틀러는 위티그의 정치 체제로서의 이성애를 유의미하게 평가하면서도 그 한계를 짚는다. 이성애를 절대적인 순응 혹은 전복의 대상으로만 사고하는 것은 이성애 구조 안에서 그것을 변화시킬 가능성을 차단한다. 또한 이성애의 대립항으로서 존재하는 동성애는 구조적으로 이성애에 의존할 수밖에 없으므로 이성애가 전복된다면 동성애 역시 존재할 수 없으며, 따라서 레즈비언 주체 역시 성립될 수 없다. 그러나 우리가 앞에서 논의한 것처럼 위티그의 레즈비언이 섹슈얼리티의 측면에서 정의되는 존재가 아니라, 자연적인 것으로 부과되는 이성애에 균열을 내는 존재라면, 레즈비언은 언제나 이성애의 대립항으로서만 의미화되는 것은 아니라고 해석해낼 수 있다. 위티그의 레즈비언은 이성애 관계 속에서 형성되는 '여성'의 위치를 벗어난 여성의 여러 가능태 중 하나인 것이다.

우리는 이성애 체제가 완전히 사로잡지 못하는 존재를 하나의 정체성으로 명명하여 고정시키기보다 더 많은 상태들에게서 저항

---

9 Judith Butler, *Trouble dans le genre. Le féminisme et la subversion de l'identité*, Trad. Cynthia Kraus, Éditions La Découverte, 2006(1990), p. 238. 한국어 번역본으로 조현준 옮김, 『젠더 트러블: 페미니즘과 정체성의 전복』, 문학동네, 2008을 참고·수정하였다.

의 조짐을 발견하고, 그 힘에 가능성을 부여해야 한다. 이성애 체제라는 단어 자체가 보여주듯이 이성애 질서에 포섭되지 않는다는 것은 개인적인 차원에서 단순히 남성과 관계를 맺지 않는 일을 넘어선다. 그것은 사회 전체에 스며들어 있는 이성애적 사고를 인식하고 그 '자연성'에 의문을 제기하며, 체제에 끊임없이 저항하는 것을 의미한다. 이러한 맥락에서 이성애 관계 안에 있는 여성 역시 동성애를 실천하는 여성만큼이나 이성애 체제에 균열을 낼 수 있는 힘을 가지고 있다. 그녀는 체제 내부에서 규범을 전복시킬 수 있는 가능성을 획득함으로써 오히려 더 효과적으로 이성애 질서를 흐트러뜨린다. 따라서 그녀 역시도 위티그가 말하는 체제 반역자로서의 여성, '레즈비언'이 될 수 있다.

2. 폴 B. 프레시아도: 호르몬 실험실의 마녀

다시 프레시아도의 질문으로 돌아오자. 왜 여성성을 포기하는 것이 페미니즘의 기본적인 전략이 될 수 없는가라는 질문에 대한 대답으로 지금까지 여성을 부정하지 않으면서 자연적인 것으로서 강요되는 여성의 상태로부터 벗어나야 한다는 위티그의 주장을 살펴보았다. 이처럼 위티그가 여성의 생물학적인 몸을 부정할 것인가 혹은 긍정할 것인가의 난제에 빠지지 않으면서, 성적인 존재로 환원되는 이성애 체제 속 여성을 버리는 것을 페미니즘의 전략으로 삼았다면, 프레시아도는 현대 사회에서 생물학적인 몸은 이미 '순수한' 물질이 아님을 역설하면서 제약포르노 자본주의 사회에서 자발적인 '테스토[스테론] 정키'[10]가 되고자 한다.

프레시아도에 의하면 우리는 새로운 종류의 자본주의를 마주하고 있다. 이 자본주의에서 주체성은 분자 단위에서 작동하는 기술과 미디어를 통해 제어되고 배치되며, 세계 경제는 합성 스테로이드의 생산 및 유통, 포르노 이미지의 확산, 합법적이고 불법적인 합성 향정신성 의약품의 가공과 전파에 의존한다. 성적 주체성 역시 분자적 차원에서는 약물을 통해, 그리고 기호적 차원에서는 포르노에 의해 관리되는데, 프레시아도는 이 두 가지 중심축에 따라 현대의 자본주의를 '제약포르노(pharmacopornographique)' 체제라 명명한다(32).

제약포르노 사회에서 권력은 더 이상 신체 바깥에서 작동하지 않는다. 권력은 대신 생물공학, 외과학(外科學), 내분비학과 같은 새로운 기술에 힘입어 몸의 일부를 이루고, 몸 안에서 희석되고, 몸으로 변환된다. 이제 몸과 권력은 동어 반복적인 관계를 이룬다(76). 다시 말해 "제약포르노 사회 새로운 소프트 테크놀로지의 특성은, 그 테크놀로지가 통제하는 육체의 형태를 취하는 것, 육체로부터 구분되고 분리될 수 없을 때까지 그 육체로 변화하는 것이다(77)." 이는 프레시아도가 제시한 예에 따르면, 실리콘이 가슴의 일부가 되고, 신경전달물질이 우리의 생각과 행동에 영향을 끼치며, 배고

---

10 '테스토 정키'는 프레시아도의 저서 제목이다. Paul B. Preciado, *Testo Junkie: Sexe, drogue et biopolitique*, Grasset, 2008. 이후 해당 저서를 인용할 때에는 별도의 서지사항을 표기하지 않고 본문에서 괄호 안에 쪽수를 표시한다.

품과 수면이 호르몬에 의해 조절되는 현상으로 구체화된다.

20세기에 심리학과 성의학, 내분비학은 정신 현상의 개념들, 리비도, 의식, 여성성과 남성성, 이성애와 동성애를 물질적 실체, 화학 물질, 상품화할 수 있는 분자, 육체, 인간의 체질 유형, 제약포르노 다국적 기업에 의해 관리될 수 있는 상품 가치를 지닌 것으로 변모시키면서 물질적 권위를 확립했다. 담론이면서 기술 실천인 과학의 헤게모니는 이언 해킹(Ian Hacking), 스티브 울가(Steve Woolgar)와 브뤼노 라투르(Bruno Latrour)가 이야기한 '물질적 권위(autorité matérielle)'로부터 즉, 살아있는 인공물을 생산하고 발명하는 능력으로부터 나온다. 과학은 수행적인 힘을 통해서 현대의 새로운 종교가 된다. 과학은 현실을 단순히 묘사하는 것이 아니라, 현실을 만들어낼 능력을 가지고 있다. 현대 기술과학의 위대한 성과는 우울증을 푸로작(Prozac)으로, 남성성을 테스토스테론으로, 발기를 비아그라(Viagra)로, 생식과 불임을 피임약으로, 에이즈를 칵테일 요법(trithérapie)[11]으로 변형시킨 것이다. 우울증과 푸로작, 비아그라와 발기, 테스토스테론과 남성성, 피임약과 출산, 칵테일 요법과 에이즈 중 무엇이 먼저 나타나는지 분간하는 것은 불가능하다. 이와 같이 **자동 피드백**(autofeed-back)으로 이루어지는 생산은 제약포르노 체제의 특징이다(33-34).

이러한 제약포르노 체제에서 은밀한 자연의 진실과 같은 것은

---

11 더 좋은 효과를 얻기 위해 두 가지 이상의 약제를 함께 사용하는 HIV 치료 방법으로, 항레트로바이러스제 3제 병용요법이 가장 많이 사용된다. 원문에는 3제 병용요법으로 표기되었으나 상위 구분인 칵테일 요법으로 옮긴다. 질병관리청 홈페이지 참고. https://www.kdca.go.kr/contents.es?mid=a20301070604 (검색일: 2023. 5. 1).

더 이상 존재하지 않는다. 인공물로서의 몸은 기술, 정치, 문화 프로세스에 의해 자연적 지위를 부여받는다. 여성성과 남성성 역시 해부학적 진실이 아니라 기술을 통해 만들어지는 차이다. 프레시아도는 젠더, 섹스, 섹슈얼리티와 종(種)의 테크놀로지는 제약포르노주의가 작동하는 경제·정치적 분야라고 말하면서 특히 젠더를 "살아 있는 존재들을 변형시키고 정상화하는 일련의 제약포르노 기술이 출현하고 발전하는 데에 필수적인 개념"이라고 정의한다(105). 남성성과 여성성뿐만 아니라 시스젠더와 트랜스젠더의 구분 또한 그러한데, 이 둘은 모두 시각적 인식에 의존하고, 수행적으로 만들어지며, 몸의 형태학적 통제 하에 놓여있다는 점에서 기술적으로 생산된다. '시스'와 '트랜스'의 차이는 젠더를 만들어내는 제약포르노 기술을 인식하고 있는가에, 그리고 이러한 젠더 규범에 대한 저항 여부에 달려있다(104).

> 피임약 생산에 기본이 되는 분자인 에스트로겐과 프로게스테론은 오늘날 세계적인 제약 산업에 의해 가장 많이 만들어지고, 의학의 모든 역사를 통틀어 가장 많이 사용된 합성 물질이다. 놀라운 것은 소위 '성' 호르몬이라고 불리는 물질이 산업적으로 대량 생산된다는 점이 아니라 적어도 21세기 초까지 이 물질은 우선적으로, 그리고 거의 독점적으로 여성의 몸에만 사용되었다는 사실이다. 오늘날 서양에서 우리가 알고 있는 생물학적 여성성은 일련의 미디어와 생체 분자 장치 없이는 존재하지 않는다. 그러므로 우리는 생물학적 여성이 호르몬과 같이 근대 산업의 가공물이며, 실험실로부터 만들어진 테크노-유기체(techno-organisme)이라고 말할 것이다(157).

젠더가 제약포르노 기술이 참고하는 교과서라면, 육체는 교과서의 내용에 따라 기술이 행해지는 장소이다. 여성의 몸은 제약 산업의 개입과 다양한 물질에 의해 내부와 외부에서 끊임없이 통제됨으로써 생산되었다. 특히 호르몬 연구의 특징은 정치적 불균형인데, 에스트로겐과 테스토스테론이 사실상 특정한 성에 속해있지 않다는 사실이 밝혀졌음에도, 다시 말해 모든 몸이 에스트로겐과 테스토스테론을 각기 다른 비율로 생산함에도 불구하고 에스트로겐은 여성 호르몬으로, 테스토스테론은 남성 호르몬으로 명명되었다. 테스토스테론이 젊음, 힘, 성욕, 정력과 연결되면서 남성의 몸을 성적인 것으로, 즉 '남성적'인 것으로 만드는 것을 목표로 한다면, 에스트로겐은 오로지 여성의 섹슈얼리티와 재생산 능력을 통제하는 것만을 목표로 한다(158).

그러나 제약포르노 사회는 일관적이지 않다. 제약포르노 산업의 두 축인 제약과 포르노가 나아가는 방향은 일치하기보다 오히려 반대되는 것처럼 보인다. 포르노 산업이 생물학적 페니스의 삽입만을 섹스로 인정하면서 이성애와 동성애의 규범적이고 이상화된 이미지를 생산할 때, 제약 산업과 생물공학, 임신 및 출산을 보조하는 새로운 기술들은 여전히 이성애 규범적인 법의 영역에서 작동하면서도 동시에 젠더의 경계선을 계속해서 재설정한다(118). 프레시아도는 코 수술과 질 수술을 예시로 들어 이러한 현상을 설명하는데, 성형 수술로 분류되는 코 수술과 달리 질 성형술이나 음경 재건술은 성별 변경 수술이라고 여겨진다. "우리는 분명하게 구분되는 두 개의 권력 체제가 몸을 가로지르면서, 코와 성기를 다른 방식으로 구성한다고 말할 수 있을 것이다." 코가 제약포르노 권력에 의해 개인의 소유물이자 상품으로 구성되는 반면 생식기는 국가의 소유에, 초월적이며 불변하는 법에 속함으로써 아직 전근대 체제에 갇혀 있다(114).

프레시아도는 바르는 남성호르몬제인 '테스토겔(Testogel)' 설명서에서 테스토겔의 사용이 남성에게만 허용될 뿐만 아니라, 남성 피부에 남은 약품이 여성의 몸과 접촉할 가능성이 여러 차례 경고되고 있는 것을 발견한다. 제약 회사는 테스토스테론의 사용자를 충분한 안드로젠을 생산하지 못하는 이성애 남자로 전제한다. 프레시아도는 이때 남자라는 개념이 염색체(XY), 생식기(뚜렷이 구분되는 고환과 음경의 소유자) 혹은 신분증에 명시된 성별 중 무엇을 가리키는 것인지 질문하면서 동시에 테스토스테론의 결핍이 어떤 기준을 통해 진단될 수 있는지를 질문한다.[12] 합성 테스토스테론 한 회 분량을 합법적으로 투약하기 위해서는 스스로를 여성이라고 정의하기를 멈추어야 한다. 테스토스테론의 효과가 몸에 나타나기도 전에, 그 분자를 주입하기 위한 조건은 자신의 여성 정체성을 포기하는 것이다(58).

그러나 프레시아도가 테스토스테론을 투약하는 것은 남성으로

---

[12] "나의 임상 증상 역시 테스토스테론의 결핍을 나타내지 않는가? 수염이 결코 자란 적이 없으며 클리토리스가 일 센티미터 반을 넘지 않는 것이 사실이지 않은가(58)?"

변하기 위해, 몸의 성별을 전환하기 위해서가 아니다. 그는 사회가 그에게 강요한 것을 배반하기 위해, 포스트 포르노적인 쾌락을 추구하기 위해, "로테크(low-tech) 딜도 트랜스젠더 정체성에 분자 보철 장치를 추가하기 위해(16)" 테스토스테론으로 '실험'을 한다. 그는 섹스-젠더 시스템에 저항하는 존재로서, 이분법적인 인식 및 정치 체제에서 복수성을 드러내면서 알아보기 어려워지기를 소망한다.13

중세 시대에 여성들은 약초와 같은 전통적인 지식을 통해 몸을 돌보고, 의식을 통해 몸의 치유 및 회복을 담당하였다. 하지만 전통 지식을 가진 여성과 산파는 곧 전문적인 질서에 위협이 되었다. 전문 지식은 의학과 같은 학문으로 고정되었고, 그 학문에 의해 의학적 실천이 규제되면서 여성들은 제약 지식으로부터 배제되었다(144). 실비아 페데리치는 마녀사냥이 중세 봉건제에서 근대 자본주의로의 이행에 결정적인 역할을 하였음을 분석한다. 페미니스트 활동가인 스타호크(Starhawk)는 페데리치의 분석과 뜻을 같이 하면서, 마녀 박해가 민간의 권력과 지식을 제거함으로써 자본주의의 비약적 발전에 필수적인 전문 지식 헤게모니를 공고하게 만들었다고 평가한다. 페데리치와 스타호크의 논의에서 마녀 사냥은 특히 여성의 섹슈얼리티를 억압한다. 즉, 출산으로 이어지지 않는 비생산적인 성관계와 "모든 정신 활성 물질의 실험"(142)을 탄압하는 것이다.

13 Paul B. Preciado, *Un appartement sur Uranus*, Grasset, 2019, p. 26-27.

마녀 박해는 따라서 전문화되지 않는 민간 지식에 대한 전문 지식의 전쟁으로서 해석될 수 있다. 또한 전통적으로 여성들과 마녀들에 의해 행해지던, 승인되지 않은 약물 및 성적(narco-sexuel) 지식에 대한 가부장적 지식의 전쟁이다. 이 전쟁은 마음과 몸의 어떤 생태와, 고통, 기쁨, 흥분에 관한 환각적인 치료법을 빼앗고 제거한다. 또, 상징이 계승되는 과정이자 환각을 일으키거나 성적으로 활성화시키는 물질에 동화되는 과정인 의식을 통한 육체적이고 집단적인 경험에 의해 만들어지는 주체화의 형태들을 박멸한다. 이단과 배교(신에 대한 배반)라는 비난 속에 마녀사냥이 감추고 있는 것은 '자발적 중독'의 실천 및 성적이거나 환각을 일으키는 물질에 대한 자발적 실험의 범죄화이다. 이 강제된 망각 위에 전기와 호르몬으로 이루어진 근대가 건립될 것이다(145).

프레시아도는 스스로를 "테스토-걸이자 테크노-보이(testo-girl, techno-boy)"로 칭한다. 그는 생물학적 여성의 몸에 의도적으로 테스토스테론을 투여하면서 그 효과를 실험하는 자발적인 실험대상, 인간화된 쥐, $C_{19}H_{28}O_2$ 주입 포트이다. 그의 신체는 국가 권력의 통제가 통과하는 하나의 단말기이자 동시에 시스템의 통제 의지가 실패하는 장소이다(133). 프레시아도의 호르몬 실험은 마녀들의 실험과 꼭 닮아있을 뿐만 아니라 그것을 계승한다. 그가 마녀의 후계자라고 할 때, 마녀라는 용어는 역사적 맥락을 지닌 실체이면서 동시에 상징으로 작용한다. 이는 마녀 개념의 외연을 넓히고, 용어의 의미 및 사용을 재점검하는 실천과도 연결될 수 있다.

위티그의 논의를 확장시켜 이성애 체제를 재사유할 힘을 레즈

비언에 한정하지 않는 작업과 프레시아도의 논의를 통해 제약포르
노 사회 속의 마녀를 맥락화하는 작업은 모두 마녀의 울타리를 넓
혀 더 많은 존재들과 함께 가부장적 질서를 뒤흔드는 것을 목표로
한다. 성적 규범이나 억압이 새로운 옷을 입고 나타날 때마다 세상
에는 언제나 그에 대항하는 마녀가 있을 것이다. 우리는 앞으로
자신의 운명을 스스로 개척해나가는 더 다양한 마녀들을 만나게
되기를 소망한다.

참고문헌

모나 숄레, 『마녀』, 유정애 옮김, 마음서재, 2021.
주디스 버틀러, 『젠더 트러블 : 페미니즘과 정체성의 전복』, 조현준 옮김, 문학동네,
    2008.
Judith Butler, *Trouble dans le genre. Le féminisme et la subversion de
    l'identité*, Trad. Cynthia Kraus, La Découverte, 2006(1990).
Monat Chollet, *Sorcières. La puissance invaincue des femmes*, Zones,
    2018.
Monique Wittig, *La pensée straight*, Amsterdam, 2018(2001).
Paul B. Preciado, *Dysphoria mundi*, Grasset, 2022.
_____, *Je suis un monstre qui vous parle*, Grasset, 2020.
_____, *Maniteste contra-sexuel*, Balland, 2000.
_____, *Testo Junkie, Sexe, drogue et biopolitique*, Grasset,
    2008.
_____, *Un appartement sur Uranus*, Grasset, 2019.

여적여(女適女)를 넘어서는 우정에 관한 탐색:
은희경, 『빛의 과거』

김은하

우리시대의 미니
매혹적인 두려움은 어떻게 세상을 바꾸는가

1. 성녀/마녀의 이분법 비틀기

'마녀'라고 하면 서양의 중세에서 근대로의 전환기에 일어난 '마녀 사냥'을 떠올리기 쉽다. 마녀 사냥은 15-17세기에 유럽에서 수만 명의 사람들이 악마와 내통해 자연재해와 전염병을 불러왔다는 이유로 기소되어 고문을 당하고 화형에 처해진 사건을 일컫는다. 불타오르는 장작더미 위에서 자신의 죽음에 속수무책인 겁에 질린 여성과 죽음의 축제를 즐기기 위해 광장을 채운 탐욕스러운 구경꾼들을 떠올리는 것은 어렵지 않다. 그러나 마녀사냥은 가부장제, 정치, 경제 등 복합적 요인이 결합되어 발생하고, 한 사회 내의 주류 집단이 자신들의 정당성을 공고화하기 위해 취약 집단을 희생양으로 삼는 혐오 정치로 특정 시대나 지역에 국한된 사건이 아니다. 사회가 질타하는 부정적인 것들이 특정 집단이나 개인에게 투사되어 희생자를 만들어내는 마녀 정치는 지역을 가리지 않으며 오늘날에도 광범위하게 발견된다. 그런데 사회의 부정성이 '마녀'로 여성 명사화되는 데서 짐작 가능하듯이 마녀 사냥은 가부장제를 정상화하고자 하는 젠더 정치라는 점에서 문제적이다.

한국사를 돌아보면, 사회의 전환기마다 마녀사냥이 이루어졌음을 알 수 있다. 특히 1950년대 공론장을 들썩이게 한 '아프레

걸(après-girl)'은 전후의 국가 재건이 여성을 마녀화하는 방식으로 작동했음을 암시한다. 프랑스에서 전후의 허무주의적인 세대를 가리켰던 '아프레 게르(Apres Gurre)'가 영어 'Girl'과 합쳐져 미국식 퇴폐 문화를 추종하고 정조관념이 없으며 물신을 추구하는 현대 여성이 민족을 위협한다는 의미의 신조어로 재탄생하기 때문이다. 아프레 걸은 때로 "양공주"나 여대생 등 특정한 대상을 가리키기도 했지만 "김치녀"처럼 불특정 다수의 여성을 향한 혐오의 언어였다. 아프레 걸 담론은 휴전과 함께 사회로 귀환한 남성들이 주도권을 잡기 위해 여성을 순치시키는 과정이 필요했음을 보여주는 것으로[1] 가부장제의 정상화를 위한 장기지속적인 프로젝트의 시작이었다. 1960년대에 '젊은 사자'라는 남성적 은유를 동원했던 4·19혁명의 결과 부르주아 시민사회가 도래함으로써 근대화 계획이 가동되기 시작하고, 1970년대가 되면 남성을 민족주의적 행위자로 내세운 개발이 일정한 성과를 내면서 남성 호주가 임금 노동으로 가족을 부양하고 아내가 부불 재생산 노동을 할당받는 성별분업이 고착화되기 때문이다.

은희경의 『빛의 과거』(2019)는 전후 사회 재건의 흐름과 함께

---

1 "이제는 웬만큼, 똑똑지 못한 남성은 여인의 손에서 얻어먹고 살게 되었다. 정히 「女人天下」의 감이 있다."(박종화, 〈해방 후의 한국여성〉, 《여원》 , 1959.8, 73쪽)고 탄식할 만큼 해방과 한국전쟁의 수난을 겪으며 여성은 부재한 남성을 대신하는 여성 가장이 됨으로써 경제적 주체가 되고 새로운 정체성에 눈떴다. 김은하, 〈전후 국가 근대화와 "아프레 걸(전후 여성)" 표상의 의미〉, 《여성문학연구》 제17호, 2006, 177-201쪽 참조.

시작된 마녀 사냥이 승리를 거두어 가부장제가 '정상화'되었던 1970년대를 배경으로 한 여성의 성장에 관한 이야기다. "40년 만에 제출한 나의 '청춘 반성문'"이라는 작가의 고백은 강남역 살인 사건 이후 사회를 강타한 페미니즘의 물결이 작가로 하여금 과거로의 탐사를 부추겼고 그 결과물이 『빛의 과거』임을 암시한다.[2] 은희경은 모교인 숙명여대의 이름을 그대로 가져와 1977년의 기숙사에 대한 기억을 이야기한다. 1등 신붓감 육성이 교육의 목표인 여자대학의 기숙사에서 청년의 특권인 성숙을 거부당하고, 감시에 길들여져 연대하지 못했던 여대생들의 이야기를 들려주는 것이다. 그런데 작가는 여성을 환대하지 않는 사회에 대한 비판을 넘어 스스로에게 비판의 칼날을 들이댄다. 주인공 김유경은 김희진이 1977년의 숙명여대 기숙사 시절을 그린 자전적 소설 『지금은 없는 공주들을 위하여』를 통해 현재인 2017년에서 약 40년 전으로 되돌아간다. 그러나 회상은 풍요로운 기억의 발굴로 이어지지 못하고 김유경은 자신의 무기력함과 방관으로 인해 희생된 여성들이 있었음을 기억해낸다. 김유경을 사로잡은 수치심은, 가부장제 사회가 남성에 미달하는 존재로서 여성에게 강요하는 열등감이 아니라 우정과 연대의

---

2 은희경은 인터뷰에서 "소설을 준비하면서 강남역 살인 사건 같은 걸 접했을 땐 비감이랄까, 나의 방관과 도피도 이런 시스템을 강화하는 데 한몫했다는 생각이 들더라고요. 그때 우리가 싸우지 않고 회피했던 것들과 아직도 젊은이들이 싸우고 있어요."라며 『빛의 과거』를 40년 만에 제출한 나의 '청춘 반성문'으로 명명했다. 이슬기, 「40년 만에 제출한 나의 '청춘 반성문'」, 『서울신문』, 2019. 9. 11. (https://www.seoul.co.kr/news/newsView.php?id=20190911029001&wlog_tag3=naver (검색일: 2023. 6. 30).

의무를 저버렸다는 자각의 표현이다.

　이러한 문제의식으로 은희경은 서로에 대한 반감으로 거리를 유지해 온 두 여자에 대해 이야기한다. 1977년은 김유경이 "세계가 잠자고 있었는데 케이트 밀렛이 깨웠다"는 『성의 정치학』을 읽을 만큼 '제2의 물결'이 세상을 격동시킨 해였지만, 이러한 흐름은 두 여자의 인생과는 무관하게 흘러갔다. 김유경은 정해진 트랙을 벗어나지 않는 모범생의 삶을 수락하고, 김희진은 자신의 욕망을 중시하고 사회생활에도 수완을 발휘하며 각자도생하기 때문이다. 다소 도식화하자면, 두 여성은 가부장제의 유구한 이분법인 성녀/마녀의 현실적 버전처럼 보인다. 김유경은 권력, 부, 성 어떤 것도 욕망하지 않음으로써 보수적인 젠더 규범을 수행하고 김희진은 욕망을 실현하기 위해 순진함보다 교활한 전략으로 무장하고 때로 악행조차 저지르기 때문이다. 두 사람은 사랑과 일의 세계에서 경쟁자로 맞서며 서로에 대한 반감이나 적의를 품고 있다. 사회의 환대를 받지 못하는 '제2의 성'임에도 불구하고 서로 연대하지 못하는 것이다. 그러나 은희경은 성적 차별의 구조에 천착함으로써 두 사람의 차이를 극적으로 부풀리고 도덕화하기보다 성녀/마녀의 이분법에 대한 패러디적 비틀기를 시도한다. 김유경은 대타자의 승인을 열망하기보다 무기력한 체념으로 사회에 순응하는 비관적 인물이고, 김희진은 지옥에서 온 괴물이 아니라 자아실현이나 신분이동 모두 쉽지 않은 차별의 사회에서 고군분투하는 주변인으로 그려지기 때문이다. 특히 김희진은 교활한 마녀에 대한 도덕적 심판을 중지시키는 문제적 인물이다.

앞서 말했듯이 은희경은 페미니즘 리부트의 국면 속에서 기성세대로서 자기반성을 시도하며 여적여(女敵女)를 넘어서는 연대의 가능성을 찾고자 한다. 이를 위해『빛의 과거』에서 예의 '불온한 상상력이 우리를 자유롭게 한다'는 문학적 모토를 반복하기보다 사실의 세계를 탐사하고 사회적 약자가 사로잡히기 쉬운 기만에 천착한다.『새의 선물』에서부터 '여성의 성장불가능성'이라는 주제를 탐구해 왔지만 자기 고백과 사회에 대한 탐구가 맞물리는 자기 서사적 글쓰기를 실험한다. 소수자들은 구조적 차별에 노출되지만 자기 해방의 언어로부터 배제되어 있어서 대항적 정체성을 형성하기 어렵다. 언어의 부재는 자기 소외 혹은 자아의 빈곤으로 이어질 수 있는 소수자의 또 다른 현실인 것이다. 이처럼 주류의 이론이나 시각에 포획되기 쉬운 소수자가 자기에 대한 진정한 앎을 획득하는 방법 중의 하나가 자신의 체험을 쓰는 것이다. 자신의 삶이 지배적 이론에 의해 삼켜지거나 기성체제에 의해 왜곡되거나 휘발되지 않고 새롭게 인식하기 위해 비관이나 냉소 같은 정동 역시 고백과 분석의 대상으로 삼는 것이다. 따라서 먼저 김유경의 경험을 따라 1977년으로 돌아갈 필요가 있다.

2. 여대생 기숙사의 추억: 비관은 어떻게 성격이 되었나?

문정희는 "학창시절 공부도 잘하고/ 특별 활동에도 뛰어나던 그녀/ 여학교를 졸업하고 대학 입시에도 무난히/ 합격했는데 어디로 갔는가/ (중략) 크고 넓은 세상에 끼지 못하고/ 부엌과 안방에 갇혀 있을까/ 그 많던 여학생들은 어디로 갔는가"라며[3] 재능과 열정에도 불구하고 사적 영역 속에 갇힌 여성들의 안부를 물음으로써 사회의 가부장성을 비판한다. 유사한 맥락에서『빛의 과거』는 미스터리 기법을 차용해 1970년대 여대생의 삶을 추적한다. 김희진의 소설 낭독회에서 한 젊은 여성이 어머니의 유품인『지금은 없는 공주들을 위하여』에 사인을 요청하면서 여성을 찾는 여정이 시작된다. 뒤늦게 도착한 부고는 타인의 무게를 일깨우며 과거로의 여행을 명령한 것이다. 색이 바래고 귀퉁이조차 닳아진『지금은 없는 공주들을 위하여』는 김희진이 김유경에게 전화를 하고, 김유경이 김희진의 소설을 펼치게 만든다. 그리고 소설의 끝에 이르면 유품의 주인이 417호의 방장이었던 송선미임이 밝혀진다. 그러나 죽은 여성을 찾아가는 과정은 특정한 개인 찾기가 아니라 청년 여자의 삶을 복원하는 한편으로 여성을 환대하지 않는 사회에 대한 탐문이 된다.『빛의 과거』는 여성의 좌절된 성숙에 관한 이야기다.

프랑코 모레티는 '성장소설(Bildungsroman)'을 "끊임없는 자기 갱신과 변형, 이동성과 불확실성, 성장과 발전에 대한 욕구 등으로 특징지어지는 역동적인 모더니티 사회"의 상징적 형식으로 정의한다.[4] 젊은 주인공의 모험과 성숙을 그린 성장소설이 근대의 장르가

---

3 문정희, 「그 많던 여학생들은 어디로 갔는가」, 『오라, 거짓 사랑아』, 민음사, 2003.

된 것은, 중세 질서의 붕괴로 종교나 관습이 더 이상 힘을 쓰지 못하는 한편으로 세습 신분제가 폐지되고 만인의 평등이 선언됨으로써 신분 이동이 가능해졌기 때문이다. 이로 인해 젊음은 단지 인간의 생물학적 발달의 한 단계가 아니라 무한한 성장과 자유 혹은 꿈꿀 권리를 의미하게 되었다. 따라서 성장소설은 젊은이가 자신의 이상을 실현하기 위해 역동적 삶 속으로 뛰어 들도록 독려하면서도 사회에 대한 책임을 망각하지 않게 만드는 조화와 통합의 양식으로 등장한 것이다. 그러나 계급적, 성적 특권을 가진 극소수만이 모험과 성숙의 주체일 수 있었다는 점에서 '성숙'은 일종의 환상이다. 즉 성장소설은 소수 부르주아 남성의 특권적 미학이다. 특히 계급과 인종을 넘어 남성의 다수가 사회계약의 주체가 되었지만, 여성은 결혼계약을 통해 '가정 여성'이 되어야만 창부를 면할 수 있었기 때문에 여성의 성장소설은 사실상 언어적 가상에 불과하다. 성장이 개인과 사회의 조화를 의미하는 한 리타 펠스키의 말처럼 남성의 모험과 성숙에 대응하는 여성들의 성장소설은 사실상 '로맨스'일 수밖에 없다.[5]

---

4 프랑코 모레티에 의하면 전통적 공동체주의 속에서 젊다는 것은 단지 아직 성인이 아니라는 의미로, 젊음은 기실 '보이지 않는', '하찮은' 주제였다. 그러나 촌락 공동체가 무너지고 자본주의적 개인화가 진행되면서 유동적이고 불확실하며 미결정적인 상태로 자기 형성의 도정에 있는 젊은이의 성숙은 문학의 주제가 된다. 성장소설은 근대의 상징적 형식인 것이다. 프랑코 모레티, 『세상의 이치』, 성은애 옮김, 문학동네, 2005, 25-31쪽.
5 오래된 이야기들에서 남성은 자신의 잠재 역량을 실현하기 위해 모험을 떠나지만, 여성은 주로 규방, 탑, 동굴에 갇힌 채 긴 잠에 빠지거나 기다리는 수동적 역할을 강요당한다. 여성의 이야기들은 행동, 성취, 창조성, 승리를 노래하지 않는 대신에 인내, 복종, 이타적인 사랑을

1990년대에 페미니즘 대중화의 바람과 함께 여성문학이 문학장의 중심으로 부상하며, 보수적 함의에 맞서는 반(反)성장이나 여성 성장의 비의적인 의미를 탐구하는 여성 서사가 늘어났지만, 여전히 여성의 성장은 난해한 주제이다.6 『빛의 과거』는 성장을 거부하는 것에 만족하거나 여성의 성장을 여성성의 신비로 추상화하지 않고, 개인의 회고를 서사의 중심에 두는 한편으로 종종 신문 기사나 통계 등 객관적 자료를 끌어와 여성의 시간을 복원한다. 이 소설은 무수히 많은 정전들이 배출된 1970년대를 배경으로 하고 있음에도 주류 문학의 전통이나 관습을 따르지 않고 있다. 1970년대 중후반은 근대화의 성과가 가시화된 경제적 호황기였지만, 독재정권에 의해 시민의 자유가 짓눌림으로써 저항운동이 터져 나온 민주주의의 맹아기다. 그러나 여대 기숙사의 일상은 반동적이라고 할 만큼 사회의 격동과 무관하게 흘러간다. 긴급조치가 선포되어 민주화 세력에 대한 탄압이 본격화되지만, 기숙사의 주된 화제는 단체 미팅, 축제, 오픈하우스 행사에 관한 것이다. 긴박한 시대와 여성의

찬미한다. 여성들에게 허락된 유일한 로망스는 로맨스다. 로맨스가 아니라면 여성이 할 수 있는 다른 일이란 여성의 운명에 격분하여 분노하는 메데이아가 되는 것이다. 리타 펠스키, 『페미니즘 이후의 문학』, 이은경 옮김, 여이연, 2010, 156-157쪽.
6　한국문학사에서 성장소설은 4·19나 6·10 항쟁 등 성공한 혁명의 기억을 가진 남성 작가들의 의해 창작되었지만, 이에 필적할만한 여성교양소설을 떠올리기는 쉽지 않다. 빈곤, 유교적 억압, 독재 정치에 억눌렸음에도 전후의 역사는 식민지 공간에서 자기실현이 불가능했던 남성들이 경제적, 정치적 주체로 거듭난 시간이었던 것은 어느 정도 사실이다. 1960년대 젊은 사자로 표상되던 4·19 세대나 유신의 억압 속에서 돌올히 솟아난 정치적 주체였던 데모하는 남자 대학생들은 수난과 희생을 통해 발전주의 주체나 급진적 정치 주체가 될 수 있었다.

조우는 비장하기보다 희비극적이기만 하다. 긴급조치 수배자가 기숙사에 잠입하는 소동으로 인해 322호의 방장인 최성옥이 퇴학당하기 때문이다. 여대생의 사생활이 궁금해 기숙사 오픈하우스 행사에 따라온 수배자가 잠이 드는 바람에 기숙사에 갇히고 그 불똥이 억울한 희생자를 만든 것이다. 공식 기억이나 대항 기억도 여성의 삶과 역사를 온전히 설명해 주지 못하는 것이다.

1977년에 발사된 보이저 1호처럼 청운의 꿈을 안고 고향과 가족을 떠났던 여대생들은 "태어난 곳을 떠나온 뒤 몇 십, 몇 백 광년의 미지를 통과해서 이제야 내게로 도착한 빛"[7]과 조우했을까? 『빛의 과거』는 기숙사 공간을 배경으로 지방 출신 여대생들의 스무 살 언저리를 재구성한다. 김유경은 "'다름'이 넘쳐날 테니 소중한 인생 경험이자 추억이 될 거라"(27쪽)는 부모의 권유로 입사(入舍)하지만 "'다름'이 '섞임'으로 나아가면서 비극이 발생한 것을 예감한다. 각각 네 명이 한 방에서 집단생활을 하는 기숙사는 서로의 삶이 노출됨으로써 타인에 대한 모방이 일어나는 획일화 기획이자 다양한 제도들을 통해 개인의 사생활이 감시되는 정찰의 공간이다. 김유경은 "다름은 개인성의 독립이지만 섞임은 그 종합이 아니"(27쪽)라고 말할 만큼 개성의 획득을 중요하게 여기지만 '섞임'이 종용되는 문화, 제도에 무기력하게 순응해간다. '섞임'의 비극이 발생하는 여대 기숙사는 남성 청년들의 훈육 기계로써 군대와 유사하지만 남성을

---

7 은희경, 『빛의 과거』, 문학과지성사, 2019, 110-111쪽. 이후 인용 시 본문에 쪽수 표기.

애국의 주체로 호명하는 것과 달리 여성이 사회의 보조자임을 주입시킨다는 점에서 성차별의 공간이다. 기숙사는 여대생들의 의식주 활동이 집합적으로 이루어지는 거주 기계가 아니라 1970년대 사회의 가부장성을 보여주는 상징적 축도다.

기숙사는 여대생을 '1등 신붓감'으로 호명함으로써 남성은 가족들의 생계를 부양하는 '바깥 일'을 하고, 여성은 내조, 육아와 같은 '집안 일'을 하는 성별분업에 기초한 중산층 핵가족 육성이라는 한국 근대화의 성별화 기획을 외주화한 공간이다. "사회에서 보는 이곳 기숙사생의 이미지가 엘리트와 현모양처의 이상적인 조합"(48쪽)이라는 사감의 말은 여대생이 후진 한국의 진보에 기여할 근대화 인텔리겐차나 시민 공론장을 이끌어 갈 비판적 지식인이 아니라 '현모양처'로 기대되고 있음을 보여준다. 중산층 계급의 아버지들은 딸들의 고등교육에 투자함으로써 하위계급과 구별짓기했지만, 딸에게 자유를 허락할 수 없어 기숙사에 입사(入舍)시켰다고 할 수 있다.8 그리고 학교는 기숙사의 점호 의례나 벌점 등 다양한 정찰 제도를 통해 여대생의 사생활을 규제함으로써 학부모의 요구를 만족시키는 한편으로 대외적으로는 최고의 규수감을 길러내는

---

8 1970년대 중산층 계급에서는 딸을 사회적, 경제적 성공을 꿈꾸는 자기성취의 주체로 보지 않았다. 여대생들 역시 대개는 혼인을 중심으로 한 젠더 규범 속에서 학교와 전공을 선택했고, 육체노동으로 여성답지 않은 몸을 가진 여성노동자들이나, 지나치게 섹슈얼한 호스테스들과 구별되는 조신하고 우아한 여성성의 재현과 수행을 통해 중산층 문화를 만들어 갔다. 이혜정, 「1970년대 고등교육을 받은 여성의 '공부' 경험과 가부장적 젠더규범」, 『교육사회학연구』 22(4), 한국교육사회학회, 2012, 227~266쪽.

명문 여대의 이미지를 구축했던 것이다. 여대생은 지식과 교양을 갖추었지만 사회적 엘리트가 아니라 하위계급이나 매춘 여성의 일탈적인 섹슈얼리티와 구별되는 보수적 성규범과 우아한 여성성을 통해 한국 근대화의 이상인 중산층 문화를 육성할 자원으로 여겨진 것이다.9 기숙사는 지식인이자 청년인 여성이 개성을 획득하지 못하고 가부장적 규율 질서에 복종하도록 강제하는 '판옵티콘(Panopticon)' 인 것이다.

> "나는 그 시간으로부터 얼마나 벗어난 것일까. 오로지 내게 주어진 자리를 벗어나지 않는 것과 성적을 올리는 것, 두 가지에만 의미를 두던 고등학교 시절 훈육의 틀과 그리고 내가 동의할 수 없었던 세상의 모범생이라는 모순된 자리. 거기에서 시스템의 눈치를 보며 적응한 척했던 것이 단지 임시방편이었을까. 혹시 그대로 내 삶의 태도가 되어버린 것은 아닐까.
> 훈육과 세뇌에는 탈출구가 없다. 사람을 무기력하게 만들기 때문이다. 그렇다면 나는 내가 원하는 모습으로 바뀔 수도 없으며, 끝없이 반복되는 그 틀의 궤적에 부딪히고 상처입고 위축되며 계속해서 눈치껏 나를 속이며 살아야 하는 걸까."(245쪽)

---

9 1970년대 중후반부터 1980년대까지는 남성을 사회의 제1시민으로 한 경제 성장으로 가족 임금제가 정착됨으로써 화이트칼라 계층을 중심으로 남편이 생계부양자가 되고 남편의 경제력에 아내와 자녀가 전적으로 의존하는 핵가족이 정상 가족의 모델로 등장하게 된다. 한국의 핵가족 비율은 "1975년에 이미 69.6%에 달했으며, 1980년 72.9%, 1985년 75.3%로 정점"에 달한다. 조은주, 『가족과 통치: 인구는 어떻게 정치의 문제가 되었나』, 창비, 2018, 209~216쪽.

위 인용문에서 김유경은 종강이 얼마 남지 않은 시점에 자신이 "마음에 들지 않는 세계에서 벗어나기 위해 그 세계의 부당한 규율에 복종했던 미성년 그대로"(86쪽) 머물러 있다는 두려움에 휩싸인다. 고등학교 시절과 현재를 비교하면서 자신이 시스템에 감금되어 있음을 알지만 사회에 대한 반항이 불가능함을 예감하는 것이다. 김유경은 예향으로 불리지만 실은 여성을 "조강지처, 애인, 첩, 식모 네 가지"로 분류할 만큼 상상력이 부족한 고향을 떠나 "허물을 찢고 나오는 나비가 자신이 날아야 할 광활한 하늘을 올려다보듯이 어리둥절한 긴장과 설렘으로"(28쪽) 3월을 맞이한다. "정숙, 노력, 순결이라는 형식적인 틀에 맞는 척하기 위해 시스템의 눈치만 보는 조용한 여학생 역할은 더 이상 연기하고 싶지 않았으며 남자 고등학생들의 인기투표 따위를 당하지 않는 세계를 꿈꿀 만한 기개가 있다는 걸 드러내고 싶었다(116-117쪽)고 고백할 만큼 자유와 성숙을 열망했던 것이다. 김유경은 기자의 꿈을 키우며 말더듬이 교정 학원을 다니는 한편으로 학보사 기자 활동을 하고, 공모전에서 시가 당선될 만큼 글쓰기의 재능을 드러낸다. 또한 한승우와의 첫사랑과 이별을 경험하고 '브론스키'(이동휘)와 새로운 만남을 시작한다. 그러나 1학년이 끝날 무렵이 되면 김유경은 세상에 대한 무기력한 체념으로 아무 것도 꿈꾸지 않는 조숙한 젊은이가 되어, 학보사를 그만두고 브론스키와도 이별한다. 김유경에게 성장은 타인과 구별되는 재능이나 정체성을 가진 탁월한 개인이나, 사랑과 성의 주체가 되겠다는 꿈 혹은 욕망의 포기로 나타난다.

김유경의 좌절은 타인의 주목을 받으면 말을 더듬을 만큼 내성적인 성격에서 기인하는 것으로 보이기 쉽다. 그러나 젠더 규범을 수행하도록 압박받는 중산층 여성의 다수가 광장공포증을 겪는 것처럼, 김유경의 말더듬증이나 대인 공포는 개인의 병리적 기질로 환원할 수 없는 사회적, 젠더적 맥락을 갖는다. 순응은 여성에게 '개인성'을 허락하지 않는 사회에 대한 관찰에서 비롯된 것으로, 김유경의 자기 서사는 비관적 순응을 성격화한 중산층 여성의 '마음의 습속'에 대한 사회학적 탐구다. 사회가 성인 여성을 영원한 미성년으로 묶어두고자 한다는 것을 최성옥의 퇴학 사건으로 알 수 있다. 최성옥은 충청도 출신의 화학과 3학년으로 자기통치적인 개인이 되기 위해 자기 교육에 매진하며 사회 참여를 시도했던 개발독재기 여성 청년의 초상이다. 그녀는 장학금에 매달리고 여러 개의 아르바이트를 하는 고학생이자 스터디 활동을 하고 학내 민주화에 관심을 갖는 운동권 여대생이다. 그러나 최성옥은 기숙사 오픈 하우스 행사에 긴급조치 위반 수배자를 초대하고 숨겼다는 누명을 쓰고 졸업이 1년밖에 남지 않았지만 퇴학을 당한다. 어용 총장 퇴진 운동과 학도호국단 활동 등으로 학내와 기숙사 질서를 어지럽혔다는 것은 퇴학의 또 다른 명목이다. 퇴학 사건은 시민의 정치적 자유가 부정되었던 시대의 에피소드가 아니다. 최성옥은 수배자도 언더그라운드 운동권도 아니었기 때문이다. 퇴학 명령은 1등 신붓감으로서 여대생 정체성을 거부하고 비판적 지성을 사용하고 정치적 주체이고자 한 데 대한 처벌에 가깝다.

최성옥의 이야기는 특수한 개인의 불행한 사례가 아니라 1970년대 한국 사회의 가부장성을 함축한다. 김유경이 학보사 기자로서 마지막으로 쓰고 싶었던 기사처럼 여자 졸업생들은 "자신이 가까스로 떠나왔던 시절의 규율 속으로 되돌아가지 않기 위해 가구점과 아케이드와 기성복 대리점 점원 자리에 이력서를 냈"(315쪽)지만 사회는 이들을 환대하지 않았다. 인간을 남성으로 가정함으로써 여성의 신체, 경험, 존재를 지워버리거나 무시하는 '젠더 데이터 공백'을[10] 꼬집듯이 작가는 여성의 경제적, 사회적 자립이 거의 불가능했던 현실을 고발한다. 1977년에 1인당 국민총생산이 8백 달러를 넘어서고, 대학 졸업자의 취업률이 96.4퍼센트를 기록했을 만큼 경제적 호황을 이루어졌지만, 숙명여대의 취업률은 고작 26퍼센트에 불과했다는 통계는 사회의 가부장성을 함축적으로 보여준다. 한국이 후발 근대 국가로서 근대성을 성취해 가는 과정에서 사회적 재생산 활동은 여성과, 경제적 생산 활동은 남성과 결부시키는 공사영역의 성별 분리가 제도화되고, 여성들의 영역으로 할당된 가정은 사회적 중요성이 탈색되고 '여성다움'이라는 새로 발명된 관념의 안개에 의해 여성 종속의 문화적 토대가 구축되었을 것임을 유추할 수 있다.[11] 여성에게 청년기는 잔뜩 기대를 품고 길을 떠났지만

---

10 캐럴라인 크리아도 페레스, 『보이지 않는 여자들─편향된 데이터는 어떻게 세계의 절반을 지우는가』, 황가한 옮김, 웅진지식하우스, 2020.
11 자본주의 사회가 사회적 재생산 활동은 여성과, 경제적 생산 활동은 남성과 결부시켜 특정한 정서적 분위기가 재생산 활동을 에워싸도록 만들어 여성을 사회에서 격리시키고 돌봄

여적여(女敵女)를 넘어서는 우정에 관한 탐색: 은희경, 『빛의 과거』

실망하고 수치심조차 느끼며 제자리로 돌아올 수밖에 없는 예정된 패배였던 것이다. 이처럼 김유경의 자기서사는 수동성을 특징으로 하는 여성의 정동에 대한 내밀한 탐구이면서 최성옥의 이야기와 조우함으로써 사회적 차별에 노출된 소수자로서 여성의 위치를 보여주는 여성사 쓰기가 된다.

3. 교활함의 고독과 여성 동맹으로서의 우정

앞서 김유경의 자기서사를 통해 사회적인 것이 개인의 삶에 어떻게 작용하며 흔적을 남기는지 살펴보았다. 김유경은 스스로를 수긍의 천재로 조소할 만큼, 사회 질서를 거스르기 보다는 세상의 눈에 띄지 않기 위해 순응을 선택하는 인물이다. 마치 금욕주의적인 스토아학파처럼 야단스러운 행복이나 세속적인 욕망을 추구하지 않음으로써 세상에 거리를 두고 자기를 보호하려는 것이다. 체념은 사회에 대한 실망의 표현이자 성장의 거부인 것이다. 다른 한편으로 소설가 김희진은 김유경과 정반대편에 위치한 인물이다. 김유경처럼 지방 출신이지만 계급적으로 취약한 김희진은 대학에 입학하며 자신이 "또 다른 욕망과 차별의 세상"(22쪽)에 내던져졌다는 발견으로 상처 입는다. 이러한 깨달음은 그녀를 일찌감치 어른으로 만들어 주었다. 차별의 사회에 대한 원한과 몰락에 대한 두려

노동은 탈취한다는 주장으로 다음을 참고할 것. 낸시 프레이저, 『좌파의 길—식인 자본주의에 반대한다』, 장석준 옮김, 서해문집, 2023, 120쪽.

움은 그녀를 계몽된 여성으로 만들어준 자양분이다. 스무 살의 김희진은 또래 여성들처럼 사랑의 환상에 기대어 구원을 바라기보다는 자립을 위해 치밀한 전략을 짜는 인물이다. 모든 세상의 서자들이 그러하듯이 내면은 운이 좋은 사람들에 대한 질투와 시기심으로 타오르고, 작은 실수조차 큰 위기를 불러 오기 때문에 언제나 긴장을 내려두지 못한다. 『빛의 과거』는 이렇듯 상호이질적으로 보이는 이들이 적대를 허물고 동맹으로서의 우정을 향해 나아가는 이야기이다.

"가장 친한 친구가 아닌 것과는 상관없이 그녀는 나의 가장 오래된 친구이다."(9쪽)라는 이 소설의 첫 문장은 『빛의 과거』가 지금까지 본격적으로 탐구되지 못했던 여성의 관계에 관한 이야기임을 뜻한다. 김유경과 김희진은 여대 기숙사에서 만나 같은 직장의 상사와 부하 직원으로, 여럿이 함께하는 모임인 "술과 장미의 나날"의 멤버로 긴 인연을 이어왔지만 "간격이 불규칙한 점선 같은 관계"(11쪽)다. 40여 년 간 알고 지냈지만 결코 가까워지지 않으며 사실상 적의조차 품고 있는 사이다. 그런데 "그녀가 속도를 떨어뜨릴 때의 반동으로 나는 흔들렸으며 그때마다 내가 회피해왔던 것들이 그녀에게로 가서 어떤 파국을 맞이하는지 목도하는 기분이었다."(12-13쪽)는 김유경의 고백은 두 사람이 '라이벌'이자 다른 하나가 있어야만 나머지 하나도 존재할 수 있는 분신(分身) 혹은 짝패임을 암시한다.

이 절에서는 김유경과 김희진을 대중서사에서 과장되게 그려져 온 성녀/마녀의 현실적 버전으로 보되, 이들의 차이를 도덕화하기보다 두 여성의 관계에 관해 묻고자 한다. 김유경은 『지금은 없는 공주들을 위하여』를 읽으며 "그녀가 본 세상이 내가 본 것과 너무나 달랐"(22쪽)다는 해석을 내놓을 만큼 두 사람의 1977년에 관한 해석은 각기 다르다. 이러한 차이는 어디서 비롯되는 것일까? 그것은 여러 번 기회가 있었지만 지금까지 두 여성이 풀지 못한 수수께끼이기도 하다. 두 사람의 관계에 대한 탐사가 필요한 것이다.

김유경과 김희진의 관계는 악연에 가깝다. 김희진은 김유경이 한승우와 연애하며 첫사랑의 기쁨에 사로잡히자 둘의 관계를 훼방한다. 교활한 전략으로 김유경이 사랑을 불신하게 만들고 , 기숙사 내 전화 교환원 아르바이트생의 신분을 이용해 한승우에게 김유경의 행방을 알려주지 않음으로써 두 사람이 헤어지는 데 결정적인 영향을 미친다. 실연의 아픔을 혹독하게 겪은 김유경은 시간이 흘러 '브론스키'와 사귀지만 자신의 감정을 외면한다. 김희진은 소심하고 유약한 김유경이 인생을 비관하는 데 한몫을 한 잔인한 교사인 것이다. 다른 한편으로 김희진에게 김유경 역시 증오해 마땅한 연적이다. 김희진은 연대생과의 기숙사 단체 미팅에서 자신의 파트너였던 '브론스키'에게 호감을 느끼고 사랑의 꿈을 키우지만, 그가 '제롬'의 파트너였던 김유경을 좋아하고 있음을 알게 된다. 김희진은 유혹하고도 시치미를 뗀 데 대한 죄를 묻고, 또 자신이 받은 굴욕은 잊지 않고 돌려주는 것이 정의라는 신념으로 김유경을 처벌한다. 앞서 본 바처럼 김유경에게 사랑의 아픔을 선사한 것이다. 김유경은 김희진에게 이렇다 할 관심이 없다는 점에서 두 사람 간 관계에서 악역은 분명 김희진이다.

　김희진은 대중서사 속의 여성 히어로인 극악무도한 범죄자나 도발적인 '팜므파탈'과는 거리가 멀다. 김희진은 결혼한 적이 없는 싱글로 남성중심의 사회에서 드물게 자신의 커리어를 잘 꾸려온 이른바 '성공한 여자'다. 광고회사에서는 꽤 높은 직급에 있었고, 유부남 상사와의 부적절한 소문으로 퇴사한 후에는 작가로 데뷔하고 비록 인기는 없지만 8권의 작품을 발간한 중견 작가다. 그러나 지독한 자기애, 타인의 고통에 대한 공감 없음, 관용 없는 복수, 속셈을 감추는 가면 쓰기 등 마녀들의 속성을 그녀에게서 찾을 수 있다. 앞서 본 바처럼 김유경의 인생에 은밀히 개입하고 최성옥을 사감에게 밀고해서 퇴학을 당하게 만드는 데 결정적인 기여를 할 만큼 김희진은 '선'과 거리가 멀다. 그러나 김희진은 맹목적이라고 할 만큼 물신, 섹스, 권력을 추구하고 이를 위해 타인을 위해하는 상투적인 마녀들과는 거리가 있다. 권력은 그녀의 큰 관심 주제임이 분명하지만, 타인을 괴롭히는 이유는 불분명하다. 김희진이 최성옥을 밀고한 것은, 그녀가 불의에 항의하는 척하지만 기실 고시 공부 중인 애인을 뒷바라지하며 예비 시어머니의 구박조차 견디는 이중인격자라는 점이 역겨웠기 때문이었다. 타인에 대한 공감을 거부하고 처벌의 방식도 지극히 왜곡되었지만, 환상이나 자기기만에 사로잡혀 위기를 자초하는 여성들을 괴롭힌다는 점에서 김희진

여적여(女適女)를 넘어서는 우정에 관한 탐색: 은희경, 『빛의 과거』

은 이상하고 낯선 마녀다.

마녀의 두드러진 특징이 교활함이라면 김희진은 마녀로 분류 되어야 마땅하다. 김희진에게는 진심을 속이고 상대를 의심함으로써 세상이 쳐 놓은 덫에 걸려들지 않는 것만이 가장 확실한 생존의 지혜이기 때문이다. 그러나 '교활함'은 단순히 악의 표식이 아니라 사회적 약자들의 취약함을 외면하고 이들에게 도덕을 강요하는 주류 집단의 윤리적 폭력을 가시화하는 주제다. 돈 허조그는 '교활함(cunning)'의 세계를 "도덕성과 규칙 그리고 합리성의 여러 갈래 길들이 서로 겹쳐 혼란스럽게 뒤섞여 있는 매혹적인 미궁"이라고 요약한다. 세상은 '교활한 악당'과 '선한 바보'로 단순하게 구성되어 있지 않고, 대부분의 인간은 스스로 의식하지 못할 뿐 교활함의 속성을 가지고 있지만 교활함이 혐오되고 있음을 꼬집는 것이다. 서구에서 교활함은 1500년대 후반 '속임수'의 뜻을 지니기 전까지 수백 년 동안 지식(knowledge)을 의미했으며, "지식, 성, 그리고 권력은 가장 교활하며 교활함을 능숙하게 구사하는 사람들에게 열려 있는 영역"이었다. 따라서 어느 누구든지 승리를 포기할 수 없다면 교활한 악당의 대열에 뛰어들 수밖에 없다는 점이 당연시되었다. 교활함은 지혜와 동일하게 취급되기조차 했다.[12] 그러나 오늘날 교

---

12 돈 허조그는 "당신이 했던 모든 우아하고 명예로우며 원칙을 지켰던 행동들이 순전히 핑계에 지나지 않았을 가능성, 자기 자신을 속였을 가능성, 그리고 자기 이익에 부합하지 않았더라면 애초부터 이같은 일련의 행동들을 하지 않았을 가능성을 생각해보라"고 지적한다. 돈 허조그, 『커닝, 교활함의 매혹』, 이경식 옮김, 황소자리, 2007, 235쪽.

활함은 비윤리적인 것이거나, 병적인 나르시스트나 소시오패스의 특질로 간주되기조차 한다. 특히 주류 집단은 고결함을 숭배하고 교활함에 대한 불만을 제기함으로써 사실상 야심을 가진 사회적 약자를 차별한다. 누구나 전략적으로 살아가지만 언제나 교활함으로 낙인찍히는 것은 약자들이다. 교활함의 도덕화는 왜 공정한 방식이 아니라 간교하고 때로 더러운 방식이 채택되는가에 대한 논의를 원천적으로 불가능하게 만든다.

교활함에 대한 혐오가 사회의 부정의와 차별을 부정하고 사회적 약자들을 길들이는 방식임을 교활함의 마녀화를 통해 알 수 있다. 교활함이 거짓 미소를 띤 마녀에 비유되어 온 데서 알 수 있듯이 여성에게는 계산성이나 합리성과는 거리가 먼 순수함이 미덕으로 강조되어 왔다. 그러나 순진함이 보상을 받는 것은 아니며 진실은 오히려 그 역에 가깝다. 욕망보다 순응을 선택해 온 김유경은 석사를 마치고 노동시장에 뛰어들었지만 다양한 직종에서 계약직을 전전해 왔다. 타의에 이끌려 한 결혼은 행복과는 거리가 멀었고 남편이 50대에 알콜성 질환으로 사망하면서 혼자가 되었다. 반면에 김희진은 순진함을 이상화하고 규율을 따르기보다는 게임을 하듯이 전략적으로 살아왔기 때문에 더러 위기도 있었지만 대체로 상승곡선을 그리며 살아왔다. 대학 신입생인 김희진은 사랑에 대한 환상을 품기보다 임신의 위험을 상기하고 '좋은' 남자를 물색하는 조숙하고도 영리한 처녀였다. 순결을 잃은 탓에 가난한 남자와 결혼한 친언니의 "못 가진 사람과 여자들에게 불리한 세상에서 그 둘 다에

여적여(女適女)를 넘어서는 우정에 관한 탐색: 은희경, 『빛의 과거』

해당되는 처지인 만큼 늘 정신을 바짝 차리라"(175쪽)는 당부를 마음에 새긴 '계몽'된 처녀였던 것이다. 교활함은 타고난 악의 증거가 아니라 계급적, 성적 열세에 있는 주변부 여성이 가부장제에 의존하지 않고 독립을 쟁취하기 위한 자기보호 전략인 것이다.

　김희진은 인사권을 가진 유부남 이사와의 관계를 폭로하는 투서로 퇴사한 것으로 그려진다. 유부남과의 스캔들이 사실인지는 정확히 알 수 없지만, "이성에게 보여 주는 심미적, 시각적, 신체적, 사회적, 성적 매력"을 뜻하는 "매력자본(erotic capital)"[13]은 교활함이 마녀화되는 원인 중의 하나로 재론될 필요가 있다. 캐서린 하킴은 부르디외가 사회적 성공자본으로 설명한 경제자본, 문화자본, 사회자본에 매력자본을 추가할 것을 주장하며 "모든 사회는 도덕적 이데올로기와 법률, 관습을 통해 성적 표현과 매력자본의 이용을 통제"하는데, "남자들은 여성이 자신들보다 매력자본이 더 많기 때문에 그 자본이 존재한다거나 가치가 있다는 것을 부인해왔다"고 비판한다. 즉, 섹스나 섹슈얼리티를 인간성의 비천한 측면으로 비난함으로써 남성보다 성적 자본이 풍부한 여성이 사회에서 성공하지 못하도록 막아 왔다는 것이다. 하킴은 매력자본을 아름다운 백치의 유혹인 양 몰아세우는 마녀사냥을 멈추라고 주장하지만, 가부장제가 사실상 여성의 성상품화를 부추긴다는 점을 간과하고, 매력자본을 계급자본이나 경제자본처럼 사회적 성공에 확실한 영

---

13 캐서린 하킴, 『매력자본』, 이현주 옮김, 민음사, 2013, 27쪽.

향력을 미칠 수 있는 것으로 환상화한다는 점에서 문제가 많다. 그러나 매력자본은 "사회적 출신 성분과 전적으로 관계가 없을 수도 있"는 것으로 "사회의 사다리를 올라가고 권력과 영향력을 행사하거나 돈을 버는 데 이용할 수 있"[14]다는 설명은 여성성의 자본화가 도덕적 논의 대상으로만 여겨져서는 곤란하다는 점을 일깨운다.

이렇게 보자면 김희진의 마녀성은 타고난 괴물성이나 반(反)사회성으로 낙인찍을 수 없는 것이 된다. 김유경과 김희진이 서로 공감하지 못하고 적대했던 이유는 비록 성별이 같지만, 두 사람의 개인적 경험이나 계급적 위치가 달랐기 때문이었다. 이렇듯 서로 다른 두 사람이 어떻게 친구가 될 수 있을까? 아리스토텔레스는 『니코마코스 윤리학』에서 친구들 사이의 우정을 필리아(philia)로 칭하며, 서로 유익하되 그것이 우정의 조건이 되면 안 되고, 순수하게 상대의 좋은 점을 좋아해 주는 특별함을 우정의 조건이라고 함으로써 우정을 권력 집단의 패거리적 어울림과 구별했다.[15] 그러나 "사랑할 만한 것(phileton)이 사랑 받는다"는 가정과 "친구는 또 다른 자기(allos autos)"라는 설명은 비록 동등하지 않은 것과도 친구가 될 수 있다는 설명과 달리, 우정이 '탁월한' 남성들 간의 관계에서나 가능하다고 암시한다. 진정한 우애는 얼마나 많은 시간을 함께 보내 왔는가를 통해 확인할 수 있다는 주장도 우정을 특권 계급 남성

---

14 위의 책, 19-35쪽.
15 아리스토텔레스, 『니코마코스 윤리학』, 손명현 옮김, 동서문화사, 2017, 167쪽.

의 도덕적 자질로 만들 뿐이다. 생존에 유리한 자본을 많이 가진 사람이 더 많은 친구를 갖고, 여러 부침이나 시련에도 불구하고 우정을 오래 이어가기 쉽다는 것을 짐작하기는 어렵지 않기 때문이다. 젠더화되었다고 할 만큼 우정은 남성들에게서 더 잘 발견되는 것으로 여겨짐으로써 여성의 우정이 무시되어 온 것은 문제가 있다. 그러나 여성이 같은 성에 대한 "동맹으로서의 우정"[16] 의식을 결여함으로써 동성 관계를 남성과의 관계보다 하찮게 여기고 서로를 적대하게 만들었다는 점은 간과되어서는 안 되는 사실이다.

"가장 친한 친구가 아닌 것과는 상관없이 그녀는 나의 가장 오래된 친구이다."(9쪽)라는 소설의 첫 문장은 개인적 친밀함과 무관하게 여성 간 동맹의식의 필요를 일깨우는 것으로 재해석될 필요가 있다. 권김현영은 동맹으로서의 우정은 '자매애는 힘이 세다'라는 식의 보편적 자매애 담론처럼 여성의 우정을 환상화하기보다는 차이에 기반해서 여성의 우정을 이야기해야 할 필요성이 있다고 강조한다. 닮음을 놓치지 않는 것도 분명 필요하지만, 유사성이나 동등성에만 호소하면 여성 사이에 존재하는 계급, 인종, 신체, 섹슈얼리티, 문화 등 차이를 설명하지 못해 갈등과 불화의 원인이 되는

---

16 권김현영은 "자매애는 힘이 세다"는 식으로 보편적 자매애를 강조함으로써 여성성에 대한 또 다른 신화를 강화하기보다, 여성이 서로 결속하지 못하게 만드는 차이에 주목하고, '성적 동맹으로서 우정'을 이야기할 필요가 있다고 주장한다. 아리스토텔레스의 필리아에 대한 논의나 동맹으로서의 우정에 관해서는 다음을 참고할 것. 권김현영, 『여자들의 사회』, 휴머니스트, 2021, 34-35쪽.

것을 막을 수 없다. 동맹으로서의 우정은 "우리는 서로 닮았거나 같기 때문이 아니라 서로 이렇게 다르지만 동등하게 다르다는 걸 알고 있는 전제에서 우정을 맺는"[17] 것으로 오랜 시간 함께 해 온 특별한 사람들에게 기울인 시간, 신뢰, 감정의 총체로서 '필리아'와는 다르다. 우정은 인생에서 드물게 만나는 행운으로 소수의 사람들을 향한 배타적 감정이지만, 동맹으로서의 우정은 약자들의 공감과 연대의식에 가까운 것이다. 그것은 서로의 경험과 목소리에 귀를 기울이는 것에서 시작될 수 있다.

> "스무 살의 내가 바닷가 벼랑에 서서 난생처음 스스로의 그물을 던지는 모습을 상상해본다. 20여 년 전 3월 찬 바람 속에 여자대학 기숙사의 철문을 열고 들어가던 그때. 나는 거기에 무엇을 담고 싶어 했나. 그동안 머물렀던 비좁고 누추한 그늘로부터 떠나 햇볕이 내리쬐는 양지에 첫발을 내딛으며 나는 다가올 미래는 조금은 다른 것이 되리라고 기대했을까.
> 그러나 그 문 안에서 나를 기다리고 있던 것은 또 다른 욕망과 차별의 세상이었다. 그 곳은 공주들의 성이었고 나는 탑의 맨 꼭대기 방에 재봉틀과 함께 내던져진 처지였다. 공주들은 내가 이제부터 시작되는 긴 경주를 통해 얻고자 하는 것들을 이미 갖고 있었다. 그리고 그것은 내 인생 전반에 드리워질 박탈의 전조였다. 이제부터 하려는 기나긴 얘기가 해피엔드가 아닌 것은 그 때문이다."(22쪽)

김유경이 김희진의 자기서사를 읽는 소설의 형식은 동맹으로

---

17 동맹으로서의 우정은 "우리는 서로 닮았거나 같기 때문이 아니라. 서로 이렇게 다르지만 동등하게 다르다는 것을 알고 있는 전제에서 출발한다." 권김현영, 위의 책, 38쪽.

서의 우정이 싹트는 과정을 보여준다. 위의 인용문은 『지금은 없는 공주들을 위하여』의 도입부로, 김희진이 왜 기숙사 동료들을 '공주'라는 경멸적인 이름으로 폄훼하고, 김유경에게 적의조차 품었는가를 설명해 준다. 김희진은 삼천포의 추운 바닷가를 벗어나 양지를 꿈꾸었지만, "인생 전반에 드리워질 박탈의 전조"를 예감한다. 타인의 사생활, 즉 계급과 문화를 쉽게 엿볼 수 있는 기숙사 공간은 자신이 경쟁의 세계에서 지극히 불리한 위치에 서 있음을 자각하게 했던 것이다. 가난한 여자들이 "어떻게 고향의 어둑신한 부엌을 뛰쳐나와 고달픈 도시의 변두리에 편입되었는지"(192-3쪽) 그리고 그곳에서 성희롱과 강간이 부지기수로 일어나며 누군가는 불행한 사연 끝에 창부의 세계로 떨어진다는 것을 알고 있었던 것이다. 김유경은 김희진의 회고에 공감하지 못하고 "자기를 드러내는 데에서 그치지 않고 남과 비교해서 우위를 차지해야 하는 패턴"(17쪽)이라며 반감조차 품는다. 그러나 이야기의 후반부에 이르면 세상에 대한 그녀의 냉소가 소외된 자의 고독임을 알게 된다.

　동맹으로서의 우정의식을 촉구하는 또 다른 동기는 죄책감이다. "어느 순간 나는 그녀에게서 나의 또 다른 생의 긴 알리바이를 보았던 것이다."(11쪽)라는 김유경의 고백은 두 사람이 공범자임을 암시한다. 최성옥에 대한 사회적 폭력에 공모했다는 죄의식이 연대를 명령하는 것이다. 이러한 깨달음은 기숙사의 동료들에 대한 그리움을 일깨우며 뒤늦게나마 우정을 고백하게 만든다. 기숙사는 단지 감시의 공간이 아니라 전국 각지에서 온 여대생들이 1년의 시간을 함께 했던 추억의 장소이기도 하다. 각각 322호와 417호의 방장인 최성옥과 송선미가 절친인 이유로 8명의 여학생들은 인연을 맺는다. 322호에는 사회의식이 강한 3학년 최성옥, 여성의 매력자본을 활용해 결혼으로 신분상승도 하고 교수도 되는 교육학과 2학년 양애란, 서양소년 같은 중성적 외양의 유미주의자인 의상학과 1학년 오현수, 그리고 주인공인 김유경이, 417호에는 아름답지만 퇴폐미를 풍기는 산업미술학과 3학년 성선미를 비롯해, 순진하기 때문에 남자에게 버림받는 식품영양학과 1학년 이재숙, 목사의 딸인 가정관리학과 2학년 곽주아, 그리고 이 소설의 또 다른 주인공 불문과 1학년 김희진이 있다. 저마다 지역, 계급, 성격도 각기 다른 이들을 떠올리고 김유경은 뒤늦게나마 그녀들의 안부를 빈다. 김유경은 혼전 임신으로 결혼을 서둔 곽주아의 결혼식에 8명의 여학생들이 모두 신부의 행복을 빌어주던 순간을 "기울고 스러져갈 청춘이 한순간 머물렀던 날카로운 환한 빛"(339쪽)으로 명명한다.

4. 맺음말을 대신하며

모든 작품은 작가의 자서전이라는 말도 있지만, 『빛의 과거』는 당사자가 자신의 경험을 쓰는 자기서사 형식의 소설이다. 김유경은 여러 직종을 거쳐 번역가로 정착한 것으로 그려져 있었지만, 전라북도 출신으로 1977년에 숙명여대 국문과에 입학하며 사회에 첫발을 내디딘 작가 자신을 투영한 인물이다. 마치 상상력은 위대하지만 사실을 쓰는 것은 열등하다고 줄 세우는 '문학성' 개념에 대항하듯이 은희경은 가공의 인물과 자신을 뒤섞어 허구와 사실의 경계를 무너뜨리는 한편으로 진실한 자기 고백을 의도한다. 일반적으로 자기 서사는 "자신의 일생이나 혹은 특정 시점까지의 삶을 "전체로서" 성찰하며 그 의미를 추구하는 서술"[18]로 근대 부르주아 남성의 자아의 테크놀로지로 알려져 왔다. 그러나 자기서사는 보편의 언어에 함몰되지 않고 남성 중심의 사회나 주류 사회의 지식 장에 목소리를 내온 여성의 장르다. 1930년대에 신여성인 나혜석이 자신의 간통과 이혼의 전말을 고백한 <이혼고백장>(1935)을 통해 재산분할권, 친권행사와 같은 근대 법체계의 가부장성을 비판하고 신여성의 사회적 지위에 대한 사회비평을 시도한 바처럼 여성들은 자기서사를 급진적인 저항 문화로 만들었다. 공적 매체에 사적인 이야기를 노출함으로써 자기서사를 공적영역과 사적 영역 사이의 드러냄과 숨김의 역학이 펼쳐지는 하위문화적 미학으로 만든 것이다. 자기서사는 협소한 자기 고백이나 노출증이 아니라 증언의 형식이자 사회를 향한 심문인 것이다. 따라서 김유경을 사로잡은 수치심은 사실상 사회의 몫이 되어야 한다.

다른 한편으로 자기서사는 진솔한 성찰을 통해 '자기(self)'를 새롭게 규명하려는 욕구에서 비롯되는 글쓰기로, 『빛의 과거』는 은희경의 문학세계에 새로운 변화가 이루어지고 있음을 보여준다. 은희

---

18 최경희·박혜숙·박희병, 「한국여성의 자기서사(3)」, 『여성문학연구』 제9호, 한국여성문학학회, 2003, 238쪽.

경은 1990년대 중반에 문단에 데뷔하고 『새의 선물』(1996) 등 여러 작품에서 더 이상 도덕적 정형에 갇혀 있기를 거부하고, 고독하지만 자유로운 삶의 형식을 찾아가는 여성들의 여정을 그려 왔다. '바라보는 나'와 '보여지는 나'를 분리해 대타자의 감시를 따돌리는 '자아의 연기술'은, 은희경이 발명한 여성들의 저항 전략이었다. 대중서사 속에서 여성성의 무질서한 힘을 과시하던 '쎅시'한 마녀들과 달리 사랑과 가족에 대한 도발적인 질문을 던지며 육체적인 모험을 시작하는 지적인 마녀들이 등장한 것이다. 잘 훈육된 모범생처럼 보이지만 '낭만적 사랑'과 '가족' 제도를 유희하는 가면 쓴 여성들은 여성문학사에 새롭게 출현한 마녀였다. 그러나 자아의 해방을 위해서 역설적으로 대타자를 필요로 한다는 점에서 자아의 연기술은 환상적 기만이며, 고립된 개인의 내적 투쟁으로 현실을 변경시키기에는 한계가 있었다. 은희경은 『빛의 과거』에서 예의 '불온한 상상력이 우리를 자유롭게 한다'는 문학적 모토를 반복하기보다 사실의 세계를 탐사하고 사회적 약자가 사로잡히기 쉬운 기만에 천착함으로써 글쓰기의 변화를 꾀한 것이다.

은희경은 그간의 작품 세계와 다르게 여성의 연대를 이야기한다. 성녀/마녀의 이분법은 여성을 분단 지배하는 가부장제의 전략이라는 것은 결코 새롭지 않은 이야기다. 따라서 성녀와 마녀를 '라이벌'이 아니라 여성의 취약한 사회적 위치를 보여주는 더블로 보고 새로운 해석을 시도했다는 점은 주목을 요한다. 성녀가 사회의 감시를 피하기 위해 체념적 타협을 선택한다는 일은 무시되어

왔다. 또한 마녀는 여성성의 무질서를 보여준다기보다 가부장제에 의존하지 않고 자립하기 위한 여성의 전략이라는 점은 무시되기 쉬웠다. 그러나 여기서 더 나아가 성녀/마녀가 가부장제가 여성에게 허락한 유일한 존재 방식이 아닌지 질문할 필요도 있다. 여성의 행위 주체성은 무시되어서 안 되지만, 환상화 역시 곤란하기 때문이다. 이러한 맥락에서 417호 송선미는 눈여겨 볼 필요가 있는 인물이다. 송선미는 절친인 최성옥이 퇴학을 당하자 자퇴를 하고 미국으로 건너가지만 두 번의 결혼에 실패하고 쉘터에서 자살한 것으로 그려진다. 청소년기부터 우울증을 앓았던 그녀는 자신을 부유한 미술품 수집가로 상상하고 누군가 자신의 작품을 빼돌리려 한다는 망상에 시달렸지만 "치료를 거부하는 정신병력 환자"(308쪽)였다. 송선미는 단지 병적 기질의 소유자라기보다는 체념에 가까운 수긍이나 교활함의 술책으로 자기를 방어하지 못했거나 혹은 거부했던 여성이라고 할 수 있다. 지극히 아름다운 외모의 소유자였지만 건들거리는 걸음걸이, 사자갈기의 머리, 해골 달린 투박한 목걸이 등 송선미는 젠더 규범과 불일치하는 퀴어한 여성성의 소유자였다. 그녀가 자신을 매우 특별하고도 고귀한 신분의 사람으로 상상하는 망상적인 인물이었다는 것은, 세상의 콩쥐들에게 허락된 무기력한 체념이나 교활한 술책과 결코 타협하지 않았음을 암시한다. 송선미가 최성옥과 함께 있을 때만은 편안하고 유쾌해 보였다는 것은, 성녀든 마녀든 각자도생의 방식을 넘어서는 여성의 우정과 연대의 필요성을 일깨워 주기도 한다.

참고문헌

기본 자료

은희경, 『빛의 과거』, 문학과지성사, 2019.

논문 및 단행본

권김현영, 『여자들의 사회』, 휴머니스트, 2021, 34-35쪽.

문정희, 「그 많던 여학생들은 어디로 갔는가」, 『오라, 거짓 사랑아』, 민음사, 2003.

이슬기, 40년 만에 제출한 나의 '청춘 반성문', 서울신문, 2019.9.11.

이혜정, 「1970년대 고등교육을 받은 여성의 '공부' 경험과 가부장적 젠더규범」, 『교육사회학연구』 22(4), 한국교육사회학회, 2012, 227~266쪽.

조은주, 『가족과 통치: 인구는 어떻게 정치의 문제가 되었나』, 창비, 2018, 209~216쪽.

최경희, 박혜숙, 박희병, 「한국여성의 자기서사(3)」, 『여성문학연구』 제9호, 한국여성문학학회, 2003, 238쪽.

낸시 프레이저, 『좌파의 길—식인 자본주의에 반대한다』, 장석준 옮김, 서해문집, 2023, 120쪽.

돈 허조그, 『컨닝, 교활함의 매혹』, 이경식 옮김, 황소자리, 2007,

리타 펠스키, 『페미니즘 이후의 문학』, 이은경 옮김, 여이연, 2010, 156-157쪽.

캐서린 하킴, 『매력자본』, 이현주 옮김, 민음사, 2013.

캐럴라인 크리아도 페레스, 『보이지 않는 여자들—편향된 데이터는 어떻게 세계의 절반을 지우는가』, 황가한 옮김, 웅진지식하우스, 2020.

파스칼 브뤼크네르, 『순진함의 유혹』, 김웅권 옮김, 동문선, 1999, 45쪽.

프랑코 모레티, 『세상의 이치』, 성은애 옮김, 문학동네, 2005, 25-31쪽.

여적여(女適女)를 넘어서는 우정에 관한 탐색: 은희경, 『빛의 과거』